Druck:
CPI Druckdienstleistungen GmbH
im Auftrag der
Zeitfracht Medien GmbH
Ein Unternehmen der Zeitfracht - Gruppe
Ferdinand-Jühlke-Str. 7
99095 Erfurt

FSC
www.fsc.org
MIX
Papier | Fördert
gute Waldnutzung
FSC® C083411

Zeitfracht Medien GmbH
Ferdinand-Jühlke-Straße 7
99095 Erfurt, Deutschland
produktsicherheit@kolibri360.de

إيمان قاري صدرالدين

الأزياء والمنسوجات المستدامة

إيمان قاري صدرالدين

الأزياء والمنسوجات المستدامة

Noor Publishing

Imprint
Any brand names and product names mentioned in this book are subject to trademark, brand or patent protection and are trademarks or registered trademarks of their respective holders. The use of brand names, product names, common names, trade names, product descriptions etc. even without a particular marking in this work is in no way to be construed to mean that such names may be regarded as unrestricted in respect of trademark and brand protection legislation and could thus be used by anyone.

Cover image: www.ingimage.com

Publisher:
Noor Publishing
is a trademark of
Dodo Books Indian Ocean Ltd. and OmniScriptum S.R.L Publishing group
Str. Armeneasca 28/1, office 1, Chisinau-2012, Republic of Moldova, Europe
Printed at: see last page
ISBN: 978-620-4-72336-5

الأزياء والمنسوجات المستدامة

Sustainable Fashion and Textiles

فهرس المحتويات

المقدمة

الموضة المستدامة هي عبارة عن طريقة بديلة لتصنيع أو اقتناء الملابس ولكن بأسلوب صديق للبيئة وبالابتعاد عن منتجات الموضة السريعة، حيث يتم أخذ بعض المعايير في الحسبان مثل طريقة التصنيع ونوع القماش المستخدم، وتفادي الأقمشة الاصطناعية والتي تصنع من المواد البتروكيماوية ومنها النايلون والبرلون والرايون والبوليستر. كما أن صناعة الأزياء السريعة مشهورة باستغلال العمالة والتي تتكون معظمها من النساء الآسيويات أو الأفريقيات، إضافةً إلى مشكلة عمالة الأطفال، وانتهاءً بأن العاملين في مصانع النسيج والأزياء يحصلون فقط على 0.5% إلى 4% من قيمة سعر المنتج النهائي لذلك تم تأليف هذا الكتاب لتوضيح اكثر عن أهمية الاستدامة ومعرفة معنى الاستدامة في صناعة الملابس. ونتمنى أن يفيد هذا المرجع في مجال الاستدامة والخامات النسيجية والازياء في المملكة العربية السعودية.

Introduction:

Sustainable fashion is an alternative way to manufacture or acquire clothes but in an environmentally friendly style and away from fast fashion products, where some standards are taken into account such as the method of manufacturing and the type of cloth used, and avoiding synthetic fabrics made from petrochemical materials including nylon, nylon, rayon and polyester. The fast fashion industry is also famous for exploiting employment, which consists mostly of Asian or African women, as well as the problem of child labour, and the fact that workers in textile and fashion factories receive only 0.5% to 4% of the value of the price of the finished product So this book was written to clarify more about the importance of sustainability and to know the meaning of sustainability in the garment industry We hope that this reference will be useful in the field of sustainability, textile materials and fashion in the Kingdom of Saudi Arabia.

المؤلفة

ايمان قاري

تعد الموضة المسدامة، يطلق عليها أيضاً بالموضة البيئية، جزء من فلسفة التصميم النامي وصيحة الاستدامة .و الهدف هو إنشاء نظام يمكن دعمه بشكل غير محدود في طور حماية البيئة والمسئولية الاجتماعية الإيضاح مطلوب تعتبر الموضة المستدامة جزء من الصيحة الواسعة الامتداد للتصميم المستدام حيث يتم صنع المنتج باعتبار تأثيره البيئي والاجتماعي الذي قد يكون خلال اجمالي عمره الافتراضي وتشمل "بصمة الكربون" تبعاً لما أظهرت مجلة فوغ الصادرة في شهر مايو 2007 أنها ليست صيحة قصيرة المدى بل من الممكن استمرارها في مواسم عدة عهدت حماية البيئة التبرع بنسبة من المبيعات منتج لقضية خيرية وذلك للتعبير عن نفسها في عالم الموضة بينما يعمل مصممي الأزياء على إعادة تعريف الأساليب الواعية عند المصدر خلال استخدام مواد صديقة للبيئة وأساليب إنتاج مسؤولة اجتماعياً.

Sustainable fashion, also called environmental fashion, is part of the philosophy of developing design and sustainability. The goal is to create a system that can be supported indefinitely in the process of environmental protection and social responsibility clarification required that sustainable fashion is part of the wide-ranging trend of sustainable design where the product is made considering its environmental and social impact that may be during its total life span and include a "carbon footprint" as shown by Vogue magazine published in May 2007 It is not a short-term shout but can continue in several seasons entrusted to protect the environment donating a percentage of sales product to a charitable cause in order to express itself in the world of fashion while fashion designers work to redefine conscious methods at the source during the use of environmentally friendly materials and socially responsible production methods.

هنالك بعض المنظمات التي تعمل على زيادة الفرص للمصممين في مجال الاستدامة. تعتبر الرابطة الوطنية لمصممي الأزياء المستدامة واحدة من تلك المنظمات. يعد الغرض منه مساعدة أصحاب المشاريع التي لها علاقة بالموضة المتنامية والتي تخلق التغيرالاجتماعي واحترام البيئة. يوفر مصممي الأزياء المستدامة تثقيف متخصص بخط الأساس الثلاثي وتدريب و امكانية الحصول على أدوات ومصادر صناعية التي تنهض بالأعمال الابداعية والمبتكرة وعالية التأثير تعد رسالة المنظمة هي خلق تغير اجتماعي بالتصميم والمشاريع التي لها علاقة بالموضة وذلك عبر التثقيف والتدريب والبرامج التحويلية للصناعات وذلك لصقل التعاون والاستدامة والنمو الاقتصادي.

There are some organizations that are working to increase opportunities for sustainability designers. The National Association of Sustainable Fashion Designers is one of those organizations. Its purpose is to help entrepreneurs that

have to do with growing fashion and that create social change and respect for the environment. Sustainable fashion designers provide specialized education in the triangular baseline and training and access to industrial tools and sources that promote creative, innovative and high-impact work, the organization's mission is to create social change with design and fashion-related projects through education, training and manufacturing programs for industries to refine cooperation, sustainability and economic growth.

انتاج الأزياء وتأثيرها على البيئة:

أثر بيئي للموضة تعد صناعة الموضة إحدى أكثر الصناعات الملوثة للبيئة في العالم. يُسهم إنتاج وتوزيع المحاصيل والألياف والملابس المستخدمة في الموضة، في مختلف أشكال التلوث البيئي، بما في ذلك تلوث المياه والهواء والتربة. تعد صناعة النسيج ثاني أكبر مصدر لتلوث المياه العذبة المحلية في العالم. يحدث التلوث نتيجة بعض العوامل الرئيسية المساهمة في الصناعة، مثل الإنتاج الزائد لقطع الملابس، واستخدام الألياف الاصطناعية، والتلوث الزراعي للمحاصيل المستخدمة في صناعة الموضة.

Fashion production and its impact on the environment:

The production and distribution of crops ,fibres and clothing used in fashion contribute to various forms of environmental pollution ,including water ,air and soil pollution .The textile industry is the second largest source of local freshwater pollution in the world .Pollution is caused by some of the main contributing factors in the industry ,such as the overproduction of clothing ,the use of synthetic fibres and agricultural pollution of crops used in the fashion industry.

تضاعفت كمية الملابس الجديدة التي اشتراها الأميركيون ثلاث مرات منذ ستينيات القرن العشرين. خلقت هذه الزيادة الهائلة الحاجة إلى موارد إضافية، وإلى عملية أسرع في إنتاج الملابس. يعد الإنتاج السريع للملابس لمجاراة الاستهلاك السريع للعملاء، أحد أهم المساهمين في إنتاج التلوث. يستهلك العالم بأكمله كل عام أكثر من 80 مليار قطعة من الملابس. تسهم هذه الملابس في تلوث الموارد، إلى جانب إسهامها في التلوث الناجم عن النفايات؛ لأن معظم هذه القطع سيتم التخلص منها يومًا ما .

The amount of new clothes Americans have bought has tripled since the 1960s.
This dramatic increase has created the need for additional resources and a faster process in the production of clothing .The rapid production of clothing to keep pace with the rapid consumption of customers is one of the major contributors to pollution production .Every year , the entire world consumes more than 80 billion pieces of clothing .These clothing contributes to resource contamination as well as waste pollution ,because most of these pieces will one day be disposed of .

يستهلك الناس الملابس بكثرة ويريدونها بأسعار رخيصة. يدفع ذلك الشركات المنتجة لقطع الملابس الرخيصة المحققة للربح إلى إنتاج الملابس بأسرع وقت ممكن، الأمر الذي خلق الاتجاه المسمى بالموضة

السريعة. تعرف الموضة السريعة بأنها «منهج في تصميم وابتكار الأزياء وتسويقها، وتؤكد على جعل الموضة في متناول المستهلكين بسرعة وبأسعار زهيدة». تتمحور فكرتها حول الإنتاج السريع بالجملة إلى جانب العمالة الرخيصة، ما يجعل الملابس أرخص ثمنًا بالنسبة لمن يشتريها. سمح ذلك للموضة السريعة بالحفاظ على نجاحها الاقتصادي .

People consume clothes a lot and want them at cheap prices. This prompts companies producing cheap, profitable clothing to produce clothing as quickly as possible, creating a trend called fast fashion. Fast fashion is defined as "a method of fashion design, innovation and marketing, and emphasizes making fashion accessible to consumers quickly and cheaply". Her idea revolves around fast wholesale production along with cheap labor, making clothes cheaper for those who buy them. This allowed fast fashion to maintain its economic success.

يتعلق القلق نحو الموضة السريعة بشكل أساسي بنفايات الملابس التي تنتجها. وفقًا لوكالة حماية البيئة الأمريكية، أُنتج 15.1 مليون طن من نفايات الملابس في عام 2013 فقط. ربما تسبب بعض المواد الكيميائية الموجودة على الملابس، مثل الأصباغ في بعض الملابس النسيجية، ضررًا بيئيًا في حال تسربها إلى الأرض، حين ينتهي بها الحال في مكبات النفايات .تسهم النفايات الزائدة في قضية استخدام مواقع كثيرة لتخزين النفايات والقمامة فقط. تطلق الملابس غير المباعة عند حرقها ثاني أكسيد الكربون إلى الغلاف الجوي. وفقًا لتقرير صدر عن معهد الموارد العالمية، فإن صناعة الموضة السريعة تطلق 1.2 مليار طن من ثاني أكسيد الكربون إلى الغلاف الجوي سنويًا. في عام 2019، أُعلن أن فرنسا تبذل جهدًا لمنع الشركات من حرق الملابس غير المباعة

The concern about fast fashion is mainly about the waste of the clothes it produces. According to the U.S. Environmental Protection Agency, 15.1 million tons of clothing waste were produced in 2013 alone. Some chemicals on clothing, such as dyes in some textile clothing, may cause environmental damage if they leak into the ground, when they end up in landfills. Excess waste contributes to the issue of using many sites to store only waste and garbage. Unsold clothing when burning releases carbon dioxide into the atmosphere. According to a report by the World Resources Institute, the fast fashion industry releases 1.2 billion tons of carbon dioxide into the atmosphere annually. In 2019, it was announced that France was making an effort to prevent companies from burning unsold clothing.

المواد الخام التي يُصنع منها القماش

تشتمل المواد الأساسية التي تدخل في صناعة القماش على ثلاث فئات، وهي مواد طبيعية مصدرها النباتات، ومواد طبيعية مصدرها الحيوانات، ومواد مُصنّعة من قِبل الإنسان، ومن الأمثلة على المواد التي تؤخذ من النبات القُطن، والذي يُحصد باستخدام الآلات، ثم يُرسل إلى المصنع لتنظيفه، وإزالة البذور، والشوائب منه. كما يُعتبر الكتان أيضاً من أنواع النباتات التي يُصنّع منها القماش، حيث يُسحب من الأرض باستخدام الأيدي، ثم تتم معالجته، وتمشيطه، وإزالة البذور منه، ثم يتم تحضيره لصنع قماش الكتان منه. وكذلك الحرير الذي يؤخذ من شرنقة دودة القز

The raw materials from which the cloth is made

The basic materials entering the cloth industry include three categories: natural materials originating from plants, natural materials originating from animals, human-made materials, examples of materials taken from the plant, which are harvested using machinery, and then sent to the factory for cleaning, seed removal, and impurities. Linen is also a plant species from which cloth is made, pulled from the ground using hands, then processed, combed, and seeded removed, and then prepared to make linen cloth from it. So is silk taken from the silkworm cocoon.

ويُطلق على النسيج الذي يُصنع من القطن نسيج طوال العام، لأنه مناسبٌ لجميع فصول السنة، حيث يُعطي الجسم البرودة في الصيف، ويمده بالحرارة في الشتاء، كما أنه ناعم ويستخدم في صناعة ملابس الرضع. أما القماش الذي يُصنع من الحرير فهو من أغلى وأفخم أنواع الأنسجة حيث يُستخدم لصناعة الملابس الفاخرة وفساتين السهرة المكلفة نظراً لنعومته ولمعانه، وقد حصل الحرير الهندي على الشهرة على مستوى العالم. ويُعتبر قماش الكتان ملك النسيج الطبيعي حيث إنه لا يُسبب التهيج أو الحساسية للبشرة عند ارتدائه؛ وذلك لخصائصه الطبيعية العالية. أما المواد التي مصدرها الحيوانات فهي الصوف، والذي تتم معالجته وتحضيره يدوياً أو باستخدام الآلات الإلكترونية، أما بالنسبة للمواد المصنعة فهناك الرايون وهو بديل للحرير، ويُصنع من السّليلوز بواسطة آلة تُسمى المغزل، وهناك النايلون والبوليستر أيضاً، ويُعتبر القماش الذي يصنع من المواد الطبيعية الأفضل دائماً؛ وذلك لأنه لا يتغير لونه جراء التأثر بالأشعة فوق البنفسجية ولا يفقد خصائصه

Cotton fabric is called fabric throughout the year, because it is suitable for all seasons of the year, giving the body cold in summer, extending it with heat in

winter, soft and used in the manufacture of infant clothing. The silk cloth is one of the most expensive and luxurious types of tissues used to make luxury clothing and expensive evening dresses due to its softness and shine, and Indian silk has gained worldwide fame. Linen cloth is the property of natural fabric as it does not cause irritation or sensitivity to the skin when worn, due to its high natural properties. The materials originating from animals are wool, which is processed and prepared manually or using electronic machinery, but for manufactured materials there is rayon, which is an alternative to silk, and is made of cellulose by a machine called spindle, and there is nylon and polyester as well, and the cloth made from natural materials is always the best;

يمر القماش بمختلف مصادره بثلاث خطوات للتصنيع، تبدأ الخطوة الأولى بإنتاج الخيوط أو ما يُسمّى بالغزل، ويتم ذلك عن طريق معالجة المواد الخام وتحويلها من أليافٍ خام إلى خيوط، ثم يتم تجميع الخيوط التي تنتج على جسم خشبي يسمى البكرة، والتي بدورها تنقل حبالاً من الخيوط لآلة أخرى، ولتستمر بذلك عملية الغزل. بعد أن يتم تجهيز الغزل ينتقل إلى الإنتاج والذي يُعد الخطوة الثانية من عملية التصنيع بحيث يتم ربط الغزل ببعضه بعمليةٍ تسمى الحياكة، وتتم على آلة تُعرف باسم النول، حيث ترتبط هذه الآلة بجهاز الكمبيوتر، وبعد انتهاء عملية الحياكة، يُصبح الغزل شبيهاً بالورقة البيضاء ويكون جاهزاً للخطوة الأخيرة أو اللمسات النهائية ألا وهي الإنتاج، حيث يتم تنظيف القماش من الشحوم والزيوت التي تنتج بشكل طبيعي من الألياف.ويكون الهدف من الخطوة الأخيرة والتي تسمى أيضاً بعملية التشطيب هو تحسين المنتج، وجعله صالحاً للاستهلاك، حيث إن القماش المنتج قبل عملية المعالجة يكون متسخاً، وقاسياً، وغير مناسبٍ ومحبب للمستهلك. وتكون عملية التشطيب مؤلفة من عمليات كيميائية وميكانيكية، مثل عملية التبييض ومعالجة الملمس. والجدير بالذكر أن الأقمشة غير المعالجة تسمى بالبضائع الرمادية.

The cloth goes through three steps of manufacture, the first step begins with the production of threads or so-called yarn, and this is done by processing raw materials and converting them from raw fibers to filaments, and then the threads produced on a wooden body called the pulley, which in turn transport ropes from the threads to another machine, thus continuing the process of spinning. After the yarn is processed moves to production, which is the second step of the manufacturing process so that the yarn is connected to each other by a process called knitting, and is carried out on a machine known as loom, where this machine is connected to the computer, and after the end of the knitting process, the yarn becomes similar to the white paper and is ready for the last step or finishing touches, namely production, where the cloth is cleaned from grease and oils produced naturally from fiber. Finishing is to improve the product and make it fit for consumption, as the cloth produced before the processing process is dirty, harsh, inappropriate and consumer-friendly. The finishing process consists of chemical and mechanical processes, such as bleaching and texture treatment. Untreated fabrics are called grey goods

لا يمكن القول أن الأقمشة بعد معالجتها تكون قد أصبحت جاهزة للشحن والاستخدام في تصنيع الملابس، فهي تحتاج إلى أن تُصبح ملوّنة وهو ما يُسمى بالصّباغة. وتبدأ عملية الصبغ بوضع القماش في آلة تسمى المرسيريزر بالإنجليزيةMercerizer :، وتحتوي هذه الآلة على مزيج من المحلول الكيميائي في درجة حرارة منخفضة جداً، والهدف من هذه الخطوة توسيع مسام الأقمشة لجعلها أكثر قدرة على تقبل الأصباغ، ثم يُسحب القماش بعد غسله على إطار من المعدن ليصبح مهيئاً وقادراً على أخذ المزيد من الأصباغ. ومن الجدير بالذكر أنه في القدم كانت الأصباغ تُستخرج من النباتات، ولكن في الوقت الحاضر أصبحت الأصباغ تُصنع في المختبرات الكيميائية، وأصبح يُطلق عليها اسم الأصباغ التفاعلية، وتقوم فكرتها على تفاعلها مع جزيئات دقيقة (المولات) في ألياف النسيج الرطب، لتشكل رابطة قوية وبذلك يثبت اللون على النسيج.

It cannot be said that the fabrics after processing are ready for shipment and use in the manufacture of clothing, they need to become colored which is called dyeing. The dye process begins with the placement of cloth in a machine called Mercerizer ,which contains a mixture of chemical solution at a very low temperature, the aim of which is to expand the pores of fabrics to make them more able to accept dyes, and then pull the cloth after washing it on a metal frame to become ready and able to take more dyes. It should be noted that in ancient times dyes were extracted from plants, but nowadays dyes are made in chemical laboratories, and became called reactive dyes, and their idea is based on their interaction with fine molecules (moles) in wet tissue fibers, to form a strong bond and thus prove color on the fabric.

وتختلف أنواع الأصباغ باختلاف نوع المادة المستخدمة فيها، حيث إن هناك عوامل تؤخذ بعين الاعتبار عند اختيار الصبغة، مثل ثباتها عند تعرضها للضوء، ومدى تأثرها بالغسيل والفرك، وكذلك تكلفتها. وتُسمّى الأصباغ التي تُستخدم لصباغة الصوف، والحرير، والنايلون، بالأصباغ الحمضية، أما الأصباغ المباشرة فهي تلك الأصباغ التي يتم تطبيقها على الأقمشة التي تحتوي عل ألياف سليلوزية، وهناك الصبغات المرسّخة للون والتي يتم إضافة الأملاح الكيميائية لها، وتُستخدم لصبغ الحرير، والصوف. وتوجد أصباغ الكبريت كذلك، والتي تُستخدم لصبغ السليلوز، إلاّ أنها لا تعطي تألقاً كبيراً للقماش، حيث إنها أصباغٌ رخيصة الثمن، وهناك الأصباغ العطرية والتي تستخدم لصبغ القطن.

The types of dyes vary depending on the type of material used, as factors are taken into account when choosing the dye, such as its stability when exposed to light, its vulnerability to washing and rubing, as well as its cost. Dyes used to dye wool, silk and nylon are called acid dyes, while direct dyes are those that are applied to fabrics containing cellulose fibers, and there are color-anchored dyes for which chemical salts are added, used for silk dye and wool. Sulfur pigments, which are also used to dye cellulose, do not give much shine to the cloth, as they are cheap pigments, and there are aromatic dyes used to dyecotton.

الملابس في جميع أنحاء العالم

يرتدي الناس منذ آلاف السنين وفي كل أنحاء العالم أنواعًا مختلفة من الملابس. وتنتشر أنماط الملابس الغربية في كثير من بقاع العالم اليوم، وبالرغم من ذلك يختلف الناس كثيرًا في أنواع الثياب التي

يرتدونها، ولا سيما في أوساط سكان الريف.
لماذا تتنوع الملابس
هناك أربعة أسباب أساسية لتنوع الملابس في كل أنحاء العالم وهي:
1- تعدد أغراض ارتداء الملابس.
2- تنوع المواد الخام.

3- تعدد طرق صناعة الملابس
4- تنوع عادات وتقاليد الملابس.
وتقف هذه الأسباب وراء التنوع في الملابس من قارة لأخرى، ومن قطر لآخر، ومن شخص لآخر.

Clothing around the world

has been wearing different types of clothing for thousands of years and around the world. have worn different types of clothing .Western clothing styles are widespread in many parts of the world today ,yet people differ greatly in the types of clothing they wear ,particularly among the rural population .Why clothes vary There are four main reasons for clothing diversity around the world :-1 Multiple purposes of dressing

-2The diversity of raw materials.

-3 The multiplicity of ways of making clothes

-4The diversity of clothing customs and traditions .These reasons are behind the diversity of clothing from one continent to another ,from country to country ,and from person to person.

المواد الخام المستدامة:

هنالك عدة عوامل عند اعتبار استدامة الخامات. وهي قابلية إعادة التجديد ومصدر الألياف وآلية تحويل ليف خام إلى نسيج وكذلك ظروف العمل للأفراد المنتجين للخامات وإجمالي بصمة الكربون للخام.

Sustainable raw materials:

There are several factors when considering the sustainability of raw materials. They are the regeneration capability, the fiber source and the mechanism of converting a raw fiber into fabric, as well as the working conditions of the material producers and the total carbon footprint of ore.

الالياف الطبيعية:

هي ألياف توجد في الطبيعة وأساسها ليس بترولي. يمكن تقسيمها إلى مجموعتان رئيسيتان: سليلوزية أو ألياف نباتية وألياف بروتينية أو ألياف حيوانية.

Natural fiber:

They are fibers found in nature and are basically not petroleum. They can be divided into two main groups: cellulose, plant fibers, protein fibers or animal fibers.

السيليولوز

يعد القطن أحد أبرز المحاصيل زراعة وكذلك فائقة كيميائيا في العالم. .[3] يستخدم القطن المزروع تقليديا ما يقارب 25% من المبيدات الحشرية للعالم وأكثر من 10% من مبيدات العالم. هنالك عدد قليل من المرافق عالميا الي لها القدرة على معالجة مجموعة قصاصات مختلفة المدى من خليط من ألياف القطن المعاد تدويرها+ مضافة إلى خيوط قارورة البولي إثيلين تيريفثالات لإعطاء المتانة لألياف القطن المعاد تدويرها + ألياف الاكريليك العذراء والتي تضاف لتناسق الألوان والقوة.

cellulose

Cotton is one of the most prominent growing crops as well as high chemically in the world. [3] Traditionally grown cotton uses approximately 25% of the world's pesticides and more than 10% of the world's pesticides. There are a few facilities globally that have the ability to process a range of different range scraps from a mixture of recycled cotton fibers+ added to polyethylene terephthalate flask filaments to give durability to recycled cotton fibers + virgin acrylic fibers that are added to color consistency and strength.

على الرغم من أن جميع أنواع القطن لديها الكثير من بصمات الكربون للزراعة والإنتاج -يعتبر القطن خام أكثر استدامة- تعتبر خالية تماما من المبيدات الحشرية السامة والأسمدة الكيميائية . لقد بدأ العديد من المصممين بتجربة ألياف الخيزران التي تمتص الغازات الدفيئة خلال دورة حياتها وتنمو بسرعة وبشكل وفير دون مبيدات حشرية يمكن لخام الخيزران مع هذا التسبب بضرر بيئي في الإنتاج وذلك بسبب المواد الكيميائية المستخدمة لصنع الفيسكوز الناعم من الخيزران الصلب.

Although all types of cotton have a lot of carbon footprints for agriculture and production - cotton is considered more sustainable raw - it is completely free of toxic pesticides and chemical fertilizers. Many designers have begun experimenting with bamboo fibers that absorb greenhouse gases during their life cycle and grow rapidly and abundantly without insecticides that can cause environmental damage to production due to the chemicals used to make soft viscose from solid bamboo.

يعتقد البعض أن القنب هو أحد أفضل الاختيارات لخام بيئي نظراً لسهولة نموه على الرغم من أنه زراعته تعتبر غير قانونية في بعض الدول. هذه الحقائق تجعل الخامات المعاد تدويرها والمعالجة و الفائضة والعتيقة هي أكثر الاختيارات استدامة حيث أن المود الخام لا تتطلب زراعة ولا صناعة تحويلية لإنتاجها. ظهر مؤخراً بديل آخر لأزياء الاستدامة والذي يستخدم ألياف تركيبية مع عملية تسمى تقنية الايرداي والتي تزيل الماء من عملية الصباغة والطباعة. لا يزال النقاد يشيرون إلى المواد الكيميائية المستخدمة في صنع مواد صناعية -هذه الطريقة قللت بشكل ملحوظ من استهلاك المياه والتلوث- بينما يستخدم القطن (العضوي غير العضوي) كمية هائلة من المياه خلال مراحل النمو والصباغة.

Some believe that cannabis is one of the best choices for environmental ore because it is easy to grow, although cultivation is illegal in some countries. These facts make recycled, processed, surplus and antique materials the most sustainable choices as raw mode does not require cultivation or a transformative industry to produce. Another alternative to sustainability fashion, which uses synthetic fibers with a process called airday technology, has recently emerged that removes water from dyeing and printing. Critics continue to point to chemicals used to make industrial materials - this method has significantly reduced water consumption and pollution - while cotton (organic inorganic) uses a huge amount of water during the stages of growth and dyeing.

التقنيات المستدامة في صناعة الغزل والنسيج:

صناعة المنسوجات تنطوي على بيانات مثيرة للقلق منها استهلاك 13 ألف لتر ماء لزراعة ومعالجة وصباغة كيلو من القطن الذي يكفي لحياكة 5 قمصان

الموضة المستدامة ليست صيحة خاصة بـ"الهيبيز"، ولا هي مكلفة ماديا كما يُعتقد، لكنها حالة طوارئ بيئية تستوجب اتباعها، وهناك أسباب للجوء إليها

Sustainable technologies in the textile industry:

The textile industry contains worrying data, including the consumption of 13,000 litres of water to grow, process and dye a kilo of cotton enough to sew 5 shirts

Sustainable fashion is not a hippie trend, nor is it as financially expensive as it is thought, but it is an environmental emergency that needs to be followed, and there are reasons to resort to it.

- الدانتيل موضة الصيف.

في الوقت الراهن يجري تصنيع أكثر من 100 مليار قطعة ملابس سنويا بجميع أنحاء العالم، وفي الأعوام الـ15 الماضية تضاعف العدد مرتين، لكن عدد مرات ارتداء كل قطعة انخفض، وفقا لما نشرته مؤسسة إلين ماك آرثر، المعنية بالإسراع من وتيرة التحول إلى الاقتصاد الدائري.

تنطوي صناعة المنسوجات على بيانات مثيرة للقلق، منها استهلاك 13 ألف لتر من الماء لزراعة ومعالجة وصباغة كيلو من القطن، الذي لا يكفي سوى لحياكة 5 قمصان، أو أن 20% من المخلفات الملوثة التي تصل إلى الماء تنتج من صناعة الغزل والنسيج.

على سبيل المثال أيضا، أن ألياف البوليستر تحتاج إلى 200 عام لتتحلل بشكل كامل، وهذه المعلومة دقت كل أجراس الخطر."

وما هو أسوأ من ذلك، أنه رغم كل هذه المساوئ ينتهي المطاف بـ80% من الملابس التي تُستهلك في مستودعات القمامة، النسبة التي تثير الفزع، ما يجعل أن "الاستدامة ظهرت لتبقى."

1. Lace is a summer fashion.

Currently, more than 100 billion clothing items are manufactured annually worldwide, and in the past 15 years the number has doubled, but the number of wear times per piece has decreased, according to the Ellen MacArthur Foundation, which is concerned with accelerating the transition to a circular economy.

The textile industry has worrying data, including the consumption of 13,000 liters of water to grow, process and dye a kilo of cotton, which is enough to sew only 5 shirts, or that 20% of the contaminated waste that reaches water is produced by the textile industry.

For example, polyester fibers take 200 years to completely decompose, and this information has sounded all the bells ofdanger."

What's worse, despite all these disadvantages, 80% of the clothes consumed in garbage dumps end up alarming, making it "sustainable to survive."

البلاستيك

شركة "ليفريك": "تستخدم صناعة المنسوجات كميات أكبر من البلاستيك (بولي إيثيلين) مقارنة بقطاع استهلاك الأغذية، نظرا لأن أغلب الألياف تصنع من البلاستيك، وفي النهاية هو يلوث، كما أن كل قطعة ملابس يمكن أن يكون لها 7 أو 8 حيوات أخرى".

وضرورة نشر الوعي، وهي تعمل من أجل تصنيع منتجات مستدامة بنسبة 100%، وفي نهاية دورة حياتها يكون لها تأثير إيجابي على البيئة، كأن تتحول إلى سماد مثلا.

ويجب على الجميع ارتداء الملابس صديقة البيئة، وهي تلك المصنوعة من مواد خام مثل القطن والكتان والحرير والألياف النباتية الأخرى من ثمرة الزراعة الحيوية.

ففي حياكة الملابس الصديقة للبيئة لا تستخدم مبيدات الآفات والحشرات ولا المنتجات الكيميائية الخطرة أو المضرة بالنسبة للبيئة أو للمستهلك، وفي الوقت الراهن المادة الخام الأكثر استخداما هو القطن الحيوي.

، وهو متجر على الإنترنت للملابس العضوية والمستدامة والصديقة للبيئة، بعض Veganize يشرح الأسباب التي تدفع الجميع لاستخدام هذا النوع من الثياب

Liverick: "The textile industry uses more plastic (polyethylene) than the food consumption sector, since most fiber is made of plastic, and in the end it is contaminated, and each piece of clothing can have another 7 or 8 lives."

The need to raise awareness, and it works to manufacture 100% sustainable products, and at the end of its life cycle it has a positive impact on the environment, such as becoming fertilizer.

Everyone must wear environmentally friendly clothing, which is made of raw materials such as cotton, linen, silk and other plant fibers from bio-agriculture.

In environmentally friendly clothing, pesticides, insects and chemical products are used that are dangerous or harmful to the environment or the consumer, and at present the most commonly used raw material is bioluminescence.

Veganize, an online store for organic, sustainable and environmentally friendly clothing, explains some of the reasons why everyone uses this type of clothing

توعية المجتمع:

العمل اللائق من الأسباب التي تدفع الجميع لاستخدام هذا النوع من الثياب. ويقول Veganize إن "الملابس الصديقة للبيئة مصدر لخلق الكثير من فرص العمل، وظروف العاملين بها عادة ما تكون أكثر صحية وأفضل اقتصاديا من ظروف يعملون في صناعة الملابس التقليدية."ويقدر عدد العاملين في هذا القطاع بما يزيد عن 100 مليون مزارع بجميع قارات العالم، بالأخص في أفريقيا وآسيا وأمريكا الجنوبية.

Community awareness:

Decent work is one of the reasons why everyone uses this type of clothing. "Eco-friendly clothing is a source of job creation, and the conditions of its employees are usually healthier and better economically than those working in the traditional garment industry," Veganize says. It is estimated that more than 100 million farmers are employed on all continents of the world, particularly in Africa, Asia and South America.

يري المتجر أن الحقوق الإنسانية والعمالية من ضمن الأسباب، موضحا: "المجتمع لم تتم توعيته بعد، لكن وراء صناعة المنسوجات توجد الكثير من المآسي الإنسانية والبيئية الناتجة عن شركات الغزل والنسيج التقليدية ."إن عمال هذا القطاع يعملون في ظروف غير آمنة، برواتب متدنية، خلال عدد ساعات عمل طويلة، واضطرارهم للتعامل مع مواد خطرة دون إجراءات حماية ملائمة، علاوة على المناخ غير الصحي ونقص النظافة، واستغلال الأطفال ."على سبيل المثال، يوجد في الهند أكثر من 200 مليون طفل يعملون في مزارع القطن في ظروف غير إنسانية ."

The store sees human and labor rights as one of the reasons, explaining: "Society has not yet been educated, but behind the textile industry there are a lot of human and environmental tragedies resulting from traditional textile companies." "Workers in this sector work in unsafe conditions, with low salaries, during the number of long working hours, and have to deal with hazardous substances without adequate protection, as well as the unhealthy climate, lack of hygiene and child exploitation." For example, India has more than 200 million children working on cotton plantations in inhumane conditions."

سوء الاستغلال

بعض كبرى شركات صناعة الملابس متعددة الجنسيات تتعاقد من الباطن مع دول ذات أوضاع اقتصادية صعبة للقيام بمهام الإنتاج؛ لذا فاتباع هذه الموضة قد يقضي على سوء الاستغلال في هذه الصناعة الضخمة.ومن ضمن الأسباب أيضا الحفاظ على صحة البشر، ففي صناعة الغزل والنسيج تستخدم منتجات ملوثة، تدمر البيئة وتضر بالصحة.

Abuse

Some of the major multinational clothing manufacturers subcontract to countries with difficult economic conditions to carry out production tasks, so following this fashion may eliminate abuse in this hugeindustry. Also among the reasons for maintaining human health is the use of polluting products, which destroy the environment and harm health.

ووفقا لمنظمة الصحة العالمية، يؤدي ذلك إلى وفاة أكثر من 40 ألف شخص سنويا، لذا يجب الأخذ في الاعتبار أن استخدام الملابس الصديقة للبيئة يسهم في تجنب الإصابة بالحساسية والمشكلات الجلدية، وغيرها من المشكلات .كما تضمن الملابس الصديقة للبيئة المنافسة العادلة، إذ شهدت الأعوام الأخيرة تزايد إنتاج القطن العادي، ومن ثم اضطر الكثير من منتجيه لخفض سعره، ما جاء على حساب ظروف العاملين.

According to the World Health Organization, this leads to more than 40,000 deaths a year, so keep in mind that the use of environmentally friendly clothing contributes to avoiding allergies, skin problems, and other problems. Environmentally friendly clothing also guarantees fair competition, as recent years have seen the increase in the production of ordinary cotton, and many of its producers have been forced to lower its price, at the expense of workers' conditions.

تطبيقات الانزيم في المعالجة الكيميائية:

عندما تكون في الجزء الخاص بمنظفات الغسيل في المتاجر الكبرى، ستلاحظ أن معظم العلب مكتوب عليها شعارات مثل غسول منظف، أو رائحة منعشة، أو للملابس البيضاء، في حين أن هناك منتجات أخرى تلاحظ أن الأجزاء الخارجية اللامعة مطبوع عليها عبارات مثل بقوة الإنزيمات الفعالة.

ما علاقة الإنزيمات بالغسيل؟ هناك علاقة كبيرة بين الأمرين؛ ففي الدول الأكثر تطوراً تدخل الإنزيمات في أكثر من نصف المنظفات.

Enzyme applications in chemical treatment:

When you're in the laundry section of supermarkets, you'll notice that most cans have logos like a detergent lotion, a refreshing scent, or white clothes, while other products note that shiny exteriors are printed with phrases such as effective enzyme strength.

What do enzymes have to do with washing? There is a big relationship between the two; in more developed countries, enzymes enter more than half of the detergents.

ماذا تعرف عن الإنزيمات؟

إن الإنزيمات هي بروتينات تساعد في حدوث التفاعلات الكيميائية؛ حيث تظهر الإنزيمات في الإعلانات التليفزيونية لمنظفات الغسيل في صورة كائنات دقيقة تعمل على إزالة البقع، والروائح من نسيج الملابس لتتركها نظيفةً وأكثر بياضاً. تعمل هذه البروتينات على تفتيت البروتينات الأخرى، والأوساخ، والبقع أثناء الغسيل وهو ما تقوم به دائماً المنظفات الصناعية. وللتخلص من البقع من خلال المنظفات العادية، تحتاج إلى مياه ذات درجة حرارة مرتفعة وهو ما يعد أمراً مكلفاً، كما تحتاج إلى غسل الملابس بقوة مما قد يعرضها للتلف سريعاً.

What do you know about enzymes?

Enzymes are proteins that help cause chemical reactions, with enzymes appearing in tv ads for washing detergents as microorganisms that remove stains and odors from the fabric of clothing to leave them clean and whiter. These proteins break up other proteins, dirt, and stains during washing, which are always done by industrial detergents.

تعمل المنظفات التي تحتوي على إنزيمات على تنظيف الملابس بدرجة أكبر، فضلاً عن أنها صديقة للبيئة؛ إذ إنها لن تحتاج إلى مياه ذات درجات حرارة مرتفعة أو غسل الملابس بقوة. تصنف الإنزيمات على نحو مختلف؛ حيث أن كل نوع منها مناسب لإزالة أنواع معينة من البقع. يمكنك تدوين الملاحظات عند الاطلاع على قائمة المكونات الفعالة التي يحتوي عليها المنظف.

Enzyme-containing detergents clean clothes more clean, as well as environmentally friendly, as they don't need high-temperature water or vigorous washing.

- الأميلاز مناسب لإزالة بقع النشا
- الليباز مناسب لإزالة البقع التي تسببها الدهون
- السيلوليز يساعد في التخلص من الأتربة ويحافظ على لون الملابس ويقلل من ظهور الوبر
- البروتياز يساعد في التخلص من بقع البروتينات

1. Amylaz suitable for removing starch stains
2. Lipaz is suitable for removing fat-induced stains
3. Cellulose helps get rid of dust, maintains the color of clothing and reduces the appearance of lint
4. Protease helps get rid of protein patches

البقع التي يجب استخدام الإنزيمات للتخلص منها

تستخدم الإنزيمات عادةً للتخلص من البقع العضوية أو البقع التي تسببها الكائنات الحية. تشمل هذه البقع سوائل الجسم مثل العرق، والبول، والدم، والزيوت، ودهون الطعام، والبقع التي تسببها منتجات الألبان، والطمي، والعُشب. كما تعد المنظفات التي تحتوي على إنزيمات أكثر فاعليةً في إزالة هذه البقع عن غيرها من المنظفات العادية.

Stains that enzymes should be used to get rid of

Enzymes are commonly used to get rid of organic spots or spots caused by organisms. These spots include body fluids such as sweat, urine, blood, oils, food fat, dairy-induced spots, silt, and grass. Detergents with enzymes are also more effective in removing these stains than other regular detergents.

هل تؤدي الإنزيمات إلى تلف الملابس وتهيج الجلد؟

قبل استخدام المنظف مع كمية كبيرة من الغسيل، يمكن تجربته على بعض قطع الملابس أولاً لمعرفة هل يؤدي المنظف إلى تلف الملابس. تتكون الإنزيمات بشكل طبيعي وتستخدمها الكثير من العلامات التجارية في صناعة المنظفات مما يثبت أنها آمنة ويمكن أن تستخدم بصفة دورية.

ولم ترد أي شكاوى من المنظفات التي تحتوي على إنزيمات تشير إلى أنها تسبب تهيج الجلد. ويشير بعض الخبراء إلى الحساسية التي تسببها المنظفات تكون نتيجة الروائح والصبغات وليس الإنزيمات. فحتى وإن كانت الإنزيمات تسبب تفاعلات الحساسية، فقد يحدث ذلك بمعدلات أقل من المعدلات التي تنتج عن الروائح والصبغات.

Do enzymes damage clothes and irritate the skin?

Before using a detergent with a large amount of washing, you can try it on some pieces of clothing first to see if the detergent damages the clothes. Enzymes are naturally formed and used by many brands in the detergent industry, proving that they are safe and can be used periodically.

There were no complaints of detergents containing enzymes indicating that they caused skin irritation. Some experts point to allergies caused by detergents as a result of odors and pigments, not enzymes. Even if enzymes cause allergic reactions, this may occur at lower rates than odors and pigments.

تقنية البلازما في الأزياء والمنسوجات:

تعد عملية تنظيف أسطح المواد الأثرية والتاريخية أحد إجراءات الصيانة الرئيسية التي تنفذ بمعرفة أخصائي الصيانة والترميم الأثري، ويوجد العديد من طرق التنظيف إلا أن بعضها قد يؤثر سلباً على الخواص البصرية والكيميائية والميكانيكية للأثر، والبعض الآخر يمكن أن يكون غير صديق للبيئة ،

ويتطرق هذا البحث إلي استخدام البلازما أسلوب جديد فى التنظيف صديق للبيئة ولا يتخلف عنه أى ملوثات، وآمن على صحة القائمين بالترميم، وحيث أن هذه التقنية جديدة فى مجال تنظيف المنسوجات الأثرية القطنية فيهدف هذا البحث إلي تقييم تأثيرها، على الخصائص البصرية، والكيميائية، والميكانيكية للمنسوجات القطنية و كذلك تقييم كفاءتها في إزالة البقع.

Plasma technology in fashion and textiles:

The clean-up of the surfaces of archaeological and historical materials is one of the maintenance procedures carried out by the specialist maintenance and archaeological restoration, and there are many methods of cleaning, but some of them may negatively affect the visual, chemical and mechanical properties of the effect, and others can be environmentally friendly, and this research deals with the use of plasma a new method in Cleaning is environmentally friendly and does not leave any pollutants, and is safe for the health of the repairers, and since this technique is new in the field of cleaning cotton archaeological textiles, this research aims to assess its impact, on the visual, chemical, andmechanical properties of cotton textiles and alsoas an assessment of their efficiency in removing stains.

وتم استخدام البلازما مع ثلاث غازات وهي الأرجون والأكسجين والنيتروجين، عند ضغوط مختلفة mTorr (400 - 300 - 200)وعند أزمنة مختلفة (15- 30- 60) دقيقة. تم تقييم نتائج المعالجة بالبلازما بمقارنة العينات قبل وبعد العلاج باستخدام تقنيات توصيف نوعي وكمي مختلفة مثل: الميكروسكوب الرقمي والتحليل الطيفي باستخدام الأشعة تحت الحمراء، بالإضافة إلى قياس التغير اللوني وقوة الشد والاستطالة.

Plasma was used with three gases, argon, oxygen and nitrogen, at different pressures (200-300-400) mTorr and at different times (15-30-60) minutes. Plasma therapy results were evaluated by comparing samples before and after treatment using different qualitative andkm characterization techniques such as: digital microscopy and infrared spectroscopy, as well as measurement of color change, tensile strength and elongation.

وتشير النتائج إلى أن هناك اتجاه عام لزيادة قوة الشد مع كل الغازات المستخدمة في الأزمنة المختلفة مع اتجاه عام لانخفاض الاستطالة بنسب ليست مؤثرة، بالنسبة لغاز الأرجون كان هناك اتجاه عام لزمنى ربع ونصف ساعة لزيادة قوة الشد مع انخفاض الاستطالة، اما بالنسبة لغاز الأكسجين اتضح أن هناك قراءات كانت نتائجها أفضل من العينة القياسية نفسها، وأما بالنسبة لغاز النتروجين يتضح أن هناك تبايناً فى قوة الشد بين الزيادة والنقصان فى حدود ضيقة، مع انخفاض عام فى قيم الاستطالة وبنسب متفاوتة أيضاً، أما بالنسبة لتأثير المعالجة بالبلازما على درجتي البياض والاصفرار للعينات فقد كانت التغير يحدث عند التعريض للزمن الأطول بينما كانت التغير قليل عند استخدام زمن 15 دقيقة و30 دقيقة.

The results indicate that there is a general trend to increase the strength of tensile with all the gases used in different times with a general trend of low elongation in proportions that are not impressive, for argon gas there was a general trend that took me a quarter and a half hours to increase the strength of tensile with reduced elongation, but for oxygen gas it turned out that there were readings whose results were better than the standard sample itself, and for Nitrogen gas shows that there is a variation in the strength of tension between increase and decrease within narrow limits, with a general decrease in elongation values and also varying proportions, as for the effect of plasma treatment on the whiteness and yellowing degrees of samples, the change occurred when exposed to longer time while the change was low when using 15 minutes and 30 minutes.

وتشير نتائج التحليل باستخدام الأشعة تحت الحمراء إلى ثبات وعدم حدوث تغيرات في الروابط الكيميائية لسليلوز قماش القطن وذلك لعدم تأثر المجموعات الوظيفية المميزة للقطن سواء باختفاء بعضها أو ظهور مجموعات وظيفية جديدة لم تكن موجودة في الأصل باستثناء بعض التغيرات الطفيفة في شدة امتصاص بعض مجموعات الهيدروكسيل الناتجة عن فقد الرطوبة من العينة.أما بالنسبة لمعالجة عينات البقع المستخدمة فى البحث وهى بقع الشاي والدم والزيت فقد أثبتت التجارب أن هناك تأثير ايجابي على البقع مع أنواع الغازات الثلاث المستخدمة وعند الأزمنة والضغوط التى تم تطبيقها على العينات.

The results of the infrared analysis indicate that there have been no changes in the chemical bonds of cotton cloth silos, so that the characteristic functional groups of cotton are not affected either by the disappearance of some of them or by the emergence of new functional groups that were not present in the first place except for some minor changes in the absorption of some hydroxyl groups resulting from the loss of moisture from the sample. As for the treatment of the samples of spots used in the research, namely tea, blood and oil patches, experiments have shown that there is a positive effect on the spots with the three types of gases used and at times and the pressures applied to the samples.

تُعرف الصباغة علي أنها عملية يتم فيها تغطية النسيج أو الألياف بشكل متجانس بألوان مميزة ومبهجة عن طريق وضعها في حمام مائي يحتوي علي الصبغة المنشودة يعرف ب "الحمام الصباغي" –يعتمد نمط آلية الصباغة على شكل المادة النسيجية، ويختلف وقت الصباغة من عدة دقائق إلى عدة ساعات.

Dyeing is defined as a process in which fabric or fiber is covered harmoniously in distinctive and cheerful colors by placing it in a water bath containing the desired dye known as a "pigment bath" – the pattern of the dyeing mechanism depends on the form of textile material, and the dyeing time varies from several minutes to several hours.

و تتم هذه العملية لأكساب المنتجات رونقًا جميلاً يزيد من قيمتها حيث أن الألوان تزيد من جمال وأناقة المنسوجات وتساعد على جذب الانتباه، حيث أن اللون أهم ما يلفت نظر الأشخاص عند القيام بعملية الشراء لكن هل يعلم العديد من الأفراد عن مدى الأضرار الخطيرة للأصباغ؟ هناك الكثيرين ممن لا يعلمون كم أضرار الصبغات المستخدمة سواء كانت الطبيعية أو الصناعية .كذلك درجات الحرارة المستخدمة ، بعض الحمامات الصباغي تبرد بالثلج، بينما تسخن حمامات صباغيه أخرى فوق درجة غليان الماء داخل أجهزة محكمة.

This process is done to give the products a beautiful elegance that increases their value as the colors increase the beauty and elegance of textiles and help attract attention, as the color is the most important thing that attracts the attention of people when making the purchase but do many individuals know about the serious damage to dyes? There are many who do not know how much damage dyes used whether natural or industrial.

الأنواع المختلفة للأصباغ

الأصباغ الطبيعية

الأصباغ المنسوجات الطبيعية هي التي تُستخرج من أنواع معينة من النباتات ، من خلال الثمار، الأزهار أو الأوراق الخاصة بتلك النباتات،و كذلك الحشرات

صبغة الزعفران :يتم استخراج صبغة الزعفران من نبات الزعفران، والحصول على اللون الأصفر المميز ، حيث يستخدم هذا النوع في صبغ أقمشة الحرير.وهذا النوع من الأصباغ كان من أول ما استعمله الإنسان-
الهند، وما يميز هذا النوع هو الحصول على اللون الأزرق الداكن، والذي يتم استخدامه في صبغ اقمشة القطن والصوف.

صبغة خشب البقم :يتم استخراج اللون الأسود والبني من تلك الصبغة، كما يتم استخدامها في صباغة القطن والحرير.
صبغة الحناء :يتم استخراج اللون البرتقالي من هذا النوع، والتي يتم الحصول عليها من شجيرات موجودة في شمال أفريقيا والشرق الأوسط، وكانت الحناء تستعمل في الماضي في صبغ الجلود وصباغة الشعر ، ومازالت تستخدم حتى وقتنا هذا.
صبغة البلوط والشاي :يحث يتن استخراج اللون البني و مشتقاتة

Natural dyes

Natural textile dyes are extracted from certain types of plants, through fruits, flowers or leaves of those plants, as well as insects.

Saffron dye: Saffron dye is extracted from saffron, and the distinctive yellow color is obtained, as this type is used in dyeing silk fabrics.
India, what distinguishes this species is the acquisition of dark blue, which is used in dyeing cotton fabrics andwool.

Baking wood dye: Black and brown are extracted from that dye and are used in cotton dyeing and silk.
Henna dye: Orange is extracted from this type, which is obtained from shrubs located in North Africa and the Middle East, and henna has been used in the past in leather dyeing and hair dyeing, and is still used to this day.
Oak dye and tea: Urges tincture of brown extract and derivatives

الأصباغ الصناعية

حيث تحتوي الأصباغ الصناعية على العديد من الأنواع منها "الأصباغ الحمضية، الاصباغ النيتروجينية، الاصباغ الممعدنة، الأصباغ الأساسية"، وهي جميعها مصنوعة من مواد صناعية غير طبيعية، ومنها:

الأصباغ التركيبية :في عصرنا هذا قل استخدام الأصباغ الطبيعية واللجوء الى الأصباغ التركيبية، تم اكتشاف هذا النوع من الصبغات من خلال الصبغة المشهورة بالموف، وهي كانت بداية الثورة العلمية في صناعة الاصباغ والتي اعتمدت على مادة قطران الفحم.
الأصباغ المعدنية :تم اكتشاف مثل هذا النوع من الصبغات من خلال طريقة بسيطة للغاية، وهي عبر غمس الملابس في ينابيع المياه، مما ترتب عليه حدوث تغيير في لون الملابس، حيث أن الماء يحتوي بدوره على بعض المركبات المعدنية مثل مركبات الحديد التي تتفاعل مع الملابس، وتغيير لونها. و من الجدير بالذكر أن قدماء المصريين استخدموا أكسيد النحاس الأحمر للصبغة الخضراء، ومعدن اللازورد للصبغة باللون الأزرق.

Industrial dyes

Industrial dyes contain many types, including "acidic dyes, nitrogen dyes, mineralized dyes, basic dyes", all of which are made of abnormal industrial materials, including:

Synthetic dyes: In our time, the use of natural dyes and the use of synthetic dyes have decreased, this type of dye was discovered through the dye known as, which was the beginning of the scientific revolution in the dye industry, which relied on coal tar.
Metal dyes: This type of dye was discovered through a very simple method, namely by dipping clothes in the springs of water, resulting in a change in the color of clothes, as the water in turn contains some mineral compounds such as iron compounds that interact with clothes, and change their color. It is worth mentioning that the ancient Egyptians used red copper oxide for green dye, and the metal of azure dye in blue.

طرق و أضرار الصباغة

في البداية تتم عملية الصباغة بعد القيام بإذابة الصبغة ثم القيام بغمس المنسوجات في حوض من الصباغ يُطلق عليه اسم "حمام صباغي" كما ذكرنا سابقا ثم يتم إضافة بعض المواد المثبتة إلى أحواض الصبغة وذلك بهدف تثبيت اللون في المنسوجات، حيث تتحد تلك المواد مع جزيئات الصبغة و من امثلة تلك المثبتات "حمض التنيك، معادن قابلة للذوبان مثل النحاس، الكروم، الحديد والقصدير". و من الجدير بالذكر ان المنسوجات تختلف فيما بينها من ناحية القدرة.

Dyeing methods and damages

Initially, dyeing is done after dissolving the dye and then dipping textiles into a basin of pigment called "sabagi bath", as mentioned earlier, and then some of the proven materials are added to the dye basins in order to stabilize the color in textiles, where these materials combine with dye molecules and examples of those stabilizers "tinic acid, soluble metals such as copper, chromium, iron and tin." It is worth noting that textiles differ among themselves in terms of capacity.

أضرارها الخطيرة

عادة ما نقوم بشراء الأقمشة والمنسوجات تبعا للشكل الخارجي واللون المفضل لدينا ، ولكن بنسبة كبير لا نعلم حجم الضرر على الصحة، لذلك سوف نعرض اضرار الأصباغ على الصحة، ونذكر منها ما يلي:

الأصباغ هي الملوث الأول للمياه النقية و التربة ، وذلك من خلال تسرب مخلفات المصانع في مياه نهر الانهار و الأبار.

We usually buy fabrics and textiles depending on the exterior and our preferred color, but by a large extent we do not know the extent of the damage to health, so we will show the damage of dyes to health, including the following:

Dyes are the first polluter of clean water and soil, through the leakage of factory waste in the waters of the river rivers and wells.

معظم الأصباغ عبارة عن مواد كميائية يتم معالجتها للحصول علي اللون المناسب لذلك تعد مواد سامة ومضرة بصحة الانسان، لا ينحصر على صبغات الملابس فقط، وإنما جميع أنواع الصبغات بما فيهم بالطعام او الشعر.

بعض أنواع الصبغات تتسبب في إصابة الشخص بالحساسية، وذلك نتيجة تحسس الجسم من نوع الصبغة، وقد تصيب الجلد تهيج واحمرار.

كما اثبتت بعض الدراسات الحديثة أنها قد تسبب أضرار للأجنة قبل الولادة، من خلال انتقال أضرارها من الأم للجنين، ولذلك يحذر أطباء الأطفال والنساء من التعامل المباشر مع الصبغات، مثل صبغة الشعر خلال فترة الحمل.

إن المخلفات السائلة الصادرة من مصانع النسيج عبارة عن مزيج من الاصباغ والمعادن وهي من أبرز ملوثات البيئة.

Most dyes are chemicals that are processed to get the right color, so they are toxic and harmful to human health, not only to clothing dyes, but also to all kinds of dyes, including food for hair.

Some types of pigments cause allergies to the person, as a result of the body's sensitivity of the type of dye, and the skin may irritate and redness.

Some recent studies have also shown that they can cause damage to prenatal embryos, through the transmission of damage from the mother to the fetus, so pediatricians and women are warned not to deal directly with pigments, such as hair dye during pregnancy.

Liquid residues from textile factories are a combination of dyes and minerals and are among the most prominent pollutants in the environment.

تأثير الأصباغ على الصحة

إن الأصباغ المستخدمة في صناعة المنسوجات تشمل الكثير من المواد الكيميائية المعقدة، والتعرض لتلك المنسوجات بشكل مباشر، يضر بدوره بالصحة.

التعرض للأصباغ تتسبب في الإصابة بأمراض الجهاز التنفسي منها الربو، ضيق التنفس، انسداد الأنف. كما أن بعض من أنواع الصبغات تتسبب في الإصابة بأمراض خطيرة منها مرض السرطان.

تم العمل على تطوير تقنيات جديدة منها تقنيات صبغ بدون ماء ولكنها غير منتشرة بشكل واسع.

The impact of dyes on health

Dyes used in the textile industry include many complex chemicals, and exposure to such textiles directly, in turn harms health.

Exposure to dyes causes respiratory diseases including asthma, shortness of breath, and blockage of the nose. Some types of pigments also cause serious diseases, including cancer.

New techniques have been developed, including waterless dyeing techniques, but they are not widespread.

تأثير الأصباغ على الأقمشة

هناك بعض الاقمشة التي تحتوي على أنواع من الصبغات المصنعة غير مطابقة لمعايير الصحة العامة والسلامة، وبالتالي تؤثر سلبياً على نوع القماش، مما تجعله اقل امتصاصًا للصبغات، مما يسهل عملية انتشار الصبغة على البشرة على الاحتفاظ باللون.

Effect of dyes on fabrics

There are some fabrics that contain types of manufactured dyes that do not conform to public health and safety standards, and therefore negatively affect the type of cloth, making it less absorbing of the pigments, making it easier for the dye to spread to the skin to retain color.

نصائح عند شراء الملابس لتجنب أخطار الصبغات

يجب الابتعاد عن الملابس ذات الملمس الخشن، والألوان التي تلفت صبغتها الصناعية النظر ، و كذلك الشراء من أماكن موثوق بها.

يفضل شراء الملابس المصنعة من القطن، حيث أنه من أنواع القماش الأكثر تلائمًا لجميع أنواع البشرة، ومصنع بشكل طبيعي

الابتعاد عن الملابس التي تحتوي على البلاستر والألياف الضارة، والاعتماد على الملمس الناعم في اختيار المناسب.

في النهاية عزيزي القارئ عليك الانتباه من نوع الصبغات المستخدمة في المنسوجات والأقمشة التي ستقوم بشرائها، كذلك يجب قراءة التعليمات المكتوبة على ظهر كل نوع من المنسوجات و التأكد من ان المنتج يراعي الاشتراطات البيئية و الصحية اثناء عملية التصنيع و كذلك الاستخدام ، لكي تحافظ على صحتك وصحة اسرتك، من تلك الصبغات التي تتسبب في احداث اضرار.

Stay away from clothing with a rough texture, colors that draw attention to its industrial dye, as well as buy from reliable places.

It is preferable to buy cotton clothing, as it is one of the most suitable cloths for all skin types, and is naturally manufactured

Stay away from clothing containing plastics and harmful fibers, relying on soft texture in choosing the right one.

In the end, dear reader, you should pay attention to the type of dyes used in textiles and fabrics that you will purchase, as well as read the instructions written on the back of each type of textile and ensure that the product takes into account environmental and health requirements during the manufacturing process as well as use, in order to maintain your health and the health of your family, from those dyes that cause damage

؟Supply Chain Management

على المستوى الأساسي، يمكن تعريف نظام **إدارة سلسلة التوريد (SCM)** بأنه إدارة تدفق السلع والبيانات والأموال المتعلقة بمنتجات أو خدمات، بدءًا من شراء المواد الخام وحتى تسليم المنتج إلى وجهته النهائية. وعلى الرغم من أن العديد من الأشخاص يساوون بين سلسلة التوريد والخدمات اللوجستية، فإن الخدمات اللوجستية هي في الواقع مجرد أحد مكونات سلسة التوريد. تتضمن أنظمة إدارة سلسلة التوريد الرقمية اليوم حزم البرامج ومعالجة المواد لجميع الأطراف التي تعمل معًا لإنشاء المنتج أو الخدمة، وتنفيذ الطلبات، وتتبُّع المعلومات، بما في ذلك الموردين، والشركات المصنّعة، وتجار الجملة، وشركات النقل، ومقدمي الخدمات اللوجستية، وبائعي التجزئة.

At the basic level, the **Supply Chain Management** System **(SCM)** can be defined as managing the flow of goods, data and funds related to products or services, from the purchase of raw materials to the delivery of the product to its final destination. Although many people equate the supply chain with logistics, logistics is actually just one of the components of the supply chain. Today's digital supply chain management systems include software packages and material processing for all parties working together to create a product or service, execute orders, and track information, including suppliers, manufacturers, wholesalers, carriers, logistics providers, and retailers.

تشمل أنشطة سلسلة التوريد المشترياتإدارة دورة حياة المنتج (PLM) وتخطيط سلسلة التوريد (SCP)(بما في ذلك تخطيط المخزون وصيانة أصول الشركة وخطوط الإنتاج)، والخدمات اللوجستية (بما في ذلك النقل وإدارة الأسطول)، وإدارة الطلب .يمكن لأنظمة إدارة سلسلة التوريد أيضًا أن تتوسع لتشمل أنشطة التجارة العالمية، مثل إدارة الموردين على المستوى العالمي وعمليات الإنتاج المتعددة الجنسيات.

Procurement supply chain activities include product life cycle management(PLM), supply chain planning (SCP) (including inventory planning, maintenance of company assets and production lines), logistics (including transportation and fleet management), and demand Supply chain management systems can also expand to include global trade activities, such as global supplier management and multinational production processes.

استراتيجيات إدارة النفايات:

5محاور لإدارة النفايات

وقد تم تقسيم الاستراتيجية إلى خمسة محاور أساسية تعالج كافة القضايا البيئية لإدارة النفايات بالطرق المستدامة في المدينة، وتشمل:

1. التنظيم والإدارة.
2. جمع ونقل النفايات وتدويرها.
3. معالجة النفايات والتخلص النهائي منها.
4. الجدوى الاقتصادية والتكاليف والشراكة مع القطاع الخاص.
5. التوعية والتدريب.

كما تضمنت الاستراتيجية برنامجاً تنفيذياً يستند على المحاور الخمسة، وينطلق من الأولويات والقضايا التي تواجه المدينة في هذا الجانب.

توحيد الجهود وتكاملها لتنفيذ مرافق معالجة النفايات

Waste management strategies:

5 hubs for waste management

The strategy has been divided into five key themes that address all environmental issues of sustainable waste management in the city, including:

1. Organization and management.
2. Collecting, transporting and recycling waste.
3. Waste treatment and final disposal.
4. Economic feasibility, costs and partnership with the private sector.
5. Awareness and training.

The strategy also included an executive program based on the five axes, based on the priorities and issues facing the city in this regard.

Consolidation and integration of efforts to implement waste treatment facilities

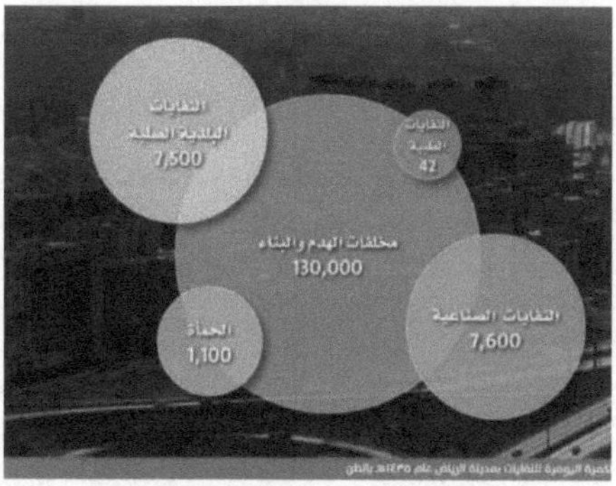

وقد وجهّت اللجنة، بجعل هذه الاستراتيجية، أساساً لعمل إدارة النفايات في مدينة الرياض، وتشكيل لجنة تنفيذية تتكون من سبع جهات معنية، تشرف على تنفيذ البرنامج التنفيذي للاستراتيجية، وتعمل على توحيد الجهود وتكاملها لتنفيذ مرافق معالجة النفايات والتخلص منها، وتتولى إنشاء قاعدة معلومات مشتركة بين الجهات ذات العلاقة للمساعدة في تطوير الأداء، إلى جانب قيام اللجنة بتفعيل الجزاءات والغرامات حول المخالفات والتجاوزات المتعلقة بالنفايات وفق الأنظمة واللوائح الصادرة الخاصة لكل جهة، والرفع لمقام اللجنة العليا بتقرير سنوي عن سير العمل في البرنامج التنفيذي ومراجعته وتحديثه كل خمس سنوات.

By making this strategy the basis for the work of waste management in Riyadh, the Committee has directed the formation of a seven-party executive committee, which oversees the implementation of the operational programmed of the strategy, consolidates and integrates efforts to implement waste treatment and disposal facilities, and establishes an inter-stakeholder information base. The relationship to help develop performance, in addition to the commission activating sanctions and fines for violations and violations related to waste in accordance with the regulations and regulations issued by each party, and raising the residence of the High Committee with an annual report on the progress of the executive program and reviewing and updating it every five years.

تعزيز جوانب الرقابة وتأهيل المواقع المتضررة

وأكدت على تعزيز جوانب الرقابة وتطبيق المخالفات على المخالفين فيما يخص النفايات الصناعية والبلدية ونفايات الهدم والبناء، ووجّه بربط إصدار رخص الترميم أو الهدم أو الصيانة بضبط عمليات نقل المخلفات والتخلص منها في الأماكن المخصصة.

Strengthening controls and rehabilitating affected sites

She stressed the strengthening of aspects of control and the application of violations to violators in relation to industrial and municipal waste and waste demolition and construction, and directed linking the issuance of repair, demolition or maintenance permits to the control of the transportation and disposal of waste in designated places.

كما دعت إلى تأهيل المواقع المتضررة من المخلفات الصناعية ومخلفات الهدم والبناء، ومراقبة النفايات الصناعية الناتجة عن المنشآت الصناعية من معامل وورش ومستودعات الواقعة ضمن مخططات صناعية في مدينة الرياض .وطالبت بسرعة إنجاز المرفق الجديد المعتمد لمعالجة جميع أنواع النفايات والتخلص منها بمنطقة الدغم شرق مدينة الرياض، وإعداد المخطط العام للموقع لتحديد المتطلبات لكل نوع من أنواع النفايات وآلية إدارة ومعالجة النفايات.

It also called for the rehabilitation of sites affected by industrial waste and demolition and construction waste, and the control of industrial waste resulting from industrial facilities such as factories, workshops and warehouses located within industrial plans in Riyadh. She called for the rapid completion of the new facility adopted to treat and dispose of all types of waste in al-Daghm area east of Riyadh, and to prepare the general plan of the site to determine the requirements for each type of waste and the mechanism of waste management and treatment.

ودعت إلى تكثيف برامج التوعية والإعلام البيئي حول أهمية تقليل انتتاج النفايات وفرزها والطرق الصحيحة للتخلص منها، ووّجه بإنشاء قاعدة بيانات مشتركة عن كميات النفايات بمختلف أنواعها في مدينة الرياض، بهدف توفير مؤشرات حول تزايد النفايات وتكاليف إدارتها.

She called for intensifying awareness programs and environmental information on the importance of reducing waste production and sorting and the right ways to dispose of it, and directed the establishment of a joint database on the quantities of waste of various kinds in Riyadh, with the aim of providing indicators on the increase in waste and the costs of managing it.

توحيد مرجعية القطاع

يشار إلى أن الهيئة العليا لتطوير مدينة الرياض، عرضت تجربتها في إعدادها استراتيجية إدارة النفايات في الملتقى الخليجي لإدارة وتدوير النفايات البلدية الصلبة، الذي نظمته وزارة الشؤون البلدية والقروية خلال الفترة من 6 إلى 7 رجب 1437هـ، حيث أوضح المهندس عبدالعزيز المقبل من إدارة التخطيط البيئي والمرافق العامة بالهيئة العليا لتطوير مدينة الرياض خلال تقديمه ورقة عمل بعنوان: "استراتيجية النفايات في مدينة الرياض" في الملتقى أن استراتيجية إدارة النفايات تسعى إلى تحقيق إدارة مستدامة للنفايات عبر توحيد المرجعية لهذه القطاع، والتكامل في إدارة النفايات بأنواعها ومعالجتها، وبناء قاعدة معلومات تسهم في إعداد المؤشرات، وتحديد التكاليف، ويستفاد منها في جوانب المراقبة والمتابعة وقياس الأداء والإنجاز، إلى جانب دورها في تصنيف وتمييز النفايات بشكل مفصل وخصوصا النفايات الصناعية.

Unifying sector reference

It is noteworthy that the Supreme Authority for the Development of Riyadh City, presented its experience in preparing the strategy of waste management in the Gulf Forum for the management and recycling of solid municipal waste, organized by the Ministry of Municipal and Rural Affairs from 6 to 7 May 1437, where engineer Abdulaziz al-Sahaki of the Department of Environmental

Planning and Public Utilities of the Supreme Authority for the Development of Riyadh city explained during the presentation of a working paper entitled: "The waste strategy in Riyadh City" at the forum that the strategy of waste management seeks to achieve sustainable waste management by standardizing the reference for this sector, integration in waste management and treatment of all kinds, building an information base that contributes to the preparation of indicators, determining costs, and benefits from aspects of monitoring, follow-up and measuring performance and achievement, in addition to its role in classifying and distinguishing waste in detail, especially industrial waste.

وبيّن أن الاستراتيجية، أكدت على أهميّة تحديد المسؤوليات بين الجهات المعنية لإعداد التنظيمات حول كيفية الاستفادة من هذه النفايات، واعتبارها موارد أوليّة، والعمل على إعداد التنظيمات في طرق التعامل مع النفايات ذات الأحجام الكبيرة، والأجهزة الإلكترونية وغيرها عن طريق وضع الشروط اللازمة لعمليات نقل النفايات بما يتناسب مع معايير الاستدامة والحفاظ على البيئة.

He pointed out that the strategy stressed the importance of identifying responsibilities among stakeholders to prepare regulations on how to take advantage of these wastes, consider them primary resources, and work on the preparation of regulations in ways to deal with waste of large sizes, electronic devices and others by setting the necessary conditions for waste transportation in accordance with the criteria of sustainability and conservation of the environment.

تكثف الدولة جهودها للحفاظ على البيئة، بالتخلص الآمن من المخلفات الصلبة وإعادة تدويرها حرصا منها للحفاظ على التوازن البيئي وتقليل تلوث الهواء.

أن التجربة الألمانية تعتمد على التدوير وليس الدفن ثم التدوير، فالحل الأمثل هو الفصل من المنبع وتشجيع المواطن على ذلك بحافز بسيط، مع التخطيط للتخلص النهائي من القمامة بـ"100% إعادة تدوير"، وبالتالي سيكون هناك عائد اقتصادي واستثمار، فضلا عن حماية البيئة والحفاظ على التوازن البيئي، لذلك يجب التأكيد على التدوير، وأن الإعلان عن 59 مدفنًا من قبل وزارة البيئة سيتسبب في أزمات لاحقة وسيكون إهدار للمال العام، وسيكون عكس ما يريده الرئيس في تلك المنظومة. وأضافت، أن اهتمام الرئيس بمشكلة القمامة وتدوير المخلفات الصلبة سابقة لم تحدث من قبل على مدى عقود زمنية باهتمام القيادة السياسية بتلك المشكلة التي تؤرق الشعب ، وهذا دليل على الاهتمام بصحة المواطن المصري، والحفاظ على البيئة من التلوث ووضع منهجية صحيحة للقضاء على أزمة القمامة.

The state is intensifying its efforts to preserve the environment by safely disposing of solid waste and recycling it in order to maintain environmental balance and reduce air pollution.

The German experience depends on recycling, not burial and then recycling, the best solution is to separate from the source and encourage the citizen to do so

with a simple incentive, with planning for the final disposal of garbage with "100% recycling", so there will be economic return and investment, as well as environmental protection and environmental balance, so the emphasis must be on recycling, and the announcement of 59 landfills by the Ministry of Environment will cause subsequent crises and will be a waste of public money, and will be the opposite of what the president wants in that system. Tadded, that the president's interest in the problem of garbage and recycling solid waste has not occurred before in decades with the attention of the political leadership to this problem that worries the people, and this is proof of the concern for the health of the Egyptian citizen, the preservation of the environment from pollution and the development of a correct methodology to eliminate the garbage crisis.

ترشيد الاستهلاك

تحفيز المواطن

وأوضحت أن تدوير المخلفات البلاستيكية والورقية والزجاجية حتى إطارت السيارات التالفة يمكن إعادة تدويرها بطريقة لا تلوث البيئة، وتحويل المخلفات الغذائية إلى كومبوست " مخصبات تربة"، ويمكن استثمارها وتعود بالنفع على المواطن والدولة، يحث ذلك بالفصل عند المنبع أي أن نقوم بتوعية ربة المنزل من خلال نشرات توعية بفصل المخلفات " الصلبة، الورقية، البلاستيك، الزجاج، بواقي المأكولات"، والأهم من ذلك هو التوعية بترشيد الاستهلاك في الغذاء وشراء ما يكفي استهلاكنا فقط، ويأتي ذلك أيضا بالتحفيز فعلى سبيل المثال يتم التخلص من المخلفات ومقابل ذلك يتم الحصول على أشياء رمزية كتحفيز على ذلك.

Rationalizing consumption, stimulating the citizen and explaining that the recycling of plastic, paper and glass waste until the tires of

damaged cars can be recycled in a way that does not pollute the environment, and convert food waste to compost "soil fertilizers", and can be invested and benefit the citizen and the state, this is urged to separate at the source i.e. to raise awareness of the housewife The house through awareness leaflets to separate the waste "solid, paper, plastic, glass, food condoms", and most importantly is to raise awareness of rationalization of food consumption and buy only enough of our consumption, and this also comes with stimulation, for example waste is disposed of and in return symbolic things are obtained as a stimulus.

قيمة اقتصادية

إعادة تدوير الملابس ـ مآرب أخرى باسم خدمة البيئة!

إعادة تدوير الملابس بهدف الحفاظ على البيئة. هذا هو ما تدّعي كثير من شركات إنتاج الملابس نهجه من خلال إطلاق حملات تحث فيها الزبائن على إعادة ملابسهم القديمة، لكن يبدو أن الهدف من هذه الحملات مختلف تماما، كما يوضح خبراء.

اصبحت الملابس من السلع التي تستخدم مرات قليلة ثم يلقى بها في حاويات الملابس المستعملة حيث تشير تقديرات إلى أنه يتم فرز أكثر من مليون طن من الملابس والإلقاء بها غالبا في إحدى حاويات الملابس المستعملة. يضاف إلى ذلك رقم غير معروف من قطع الملابس التي يتم التخلص منها ببساطة مع القمامة في حاويات غير مخصصة لذلك حسبما أوضح توماس آلمان، المتحدث باسم رابطة "فيرفارتونغ" التي تضم عدة جمعيات تعمل في جمع الملابس المستعملة لأغراض خيرية.

Economic value

Recycling clothes other purposes in the name of environmental services!

Recycling clothes in order to preserve the environment. This is what many clothing companies claim to be pursuing by launching campaigns urging customers to return their old clothes, but the aim of these campaigns seems to be quite different, experts explain.

Clothing has become a commodity that is used a few times and then dumped in used clothing containers, where it is estimated that more than 1 million tons of clothing are sorted and often dumped in a used clothing container. In addition, an unknown number of pieces of clothing that are simply disposed of with garbage in unallocated containers are added, said Thomas Allman, spokesman for the Vervatrung Association, which includes several associations that collect used clothing for charitable purposes.

ويرى آلمان أن "جبال الملابس المستخدمة يصبح أكبر جراء ذلك والناس يشترون كميات أكبر من هذه الملابس وهناك تراجع في الاهتمام بمدى جودتها". كما رأت كيرستن بروده، المتحدثة باسم منظمة السلام الأخضر "غرينبيس" العاملة في حماية البيئة، أن هناك تزايدا مستمرا في حجم هذه الملابس المستعملة وقالت إن كبار تجار الملابس أدركوا هذه الحقيقة وأصبحوا يوفرون إمكانية استعادة الملابس المستعملة مرة أخرى من مشتريها وأن أشهر مثال على ذلك في الوقت الحالي هو ما فعلته سلسلة محلات ملابس "اتش اند ام" السويدية التي توفر لزبائنها كوبون خصم لشراء ملابس جديدة مقابل إعادتهم ملابسهم المستعملة.

"The mountains of clothing used are getting bigger as a result, people are buying more of these clothes and there is a decline in interest in their quality," Alman said. Kirsten Broad, spokeswoman for Greenpeace, which works in environmental protection, said there was a continuing increase in the size of these used clothing and said that major clothing retailers had realized this fact and were providing the possibility of recovering used clothing from its buyer and that the most famous example of this at the moment was what the Swedish chain of H&M clothing stores, which provides customers with a discount coupon to buy new clothes in exchange for returning their used clothes, has done..

طرق لحث الزبائن على شراء المزيد من الملابس

كما أصبح باستطاعة زبائن سلاسل ملابس أخرى مثل شركة "غلوبتروتر" للملابس والتجهيزات الخارجية إعادة ملابسهم المستعملة للمحال مرة أخرى. وأصبحت الكثير من الشركات التجارية تتعامل مثل شركة "اتش اند ام مع شركة إكو" المتخصصة في التدوير. وجاء في بيان لشركة اتش اند ام أن الشركة جمعت منذ إطلاقها هذه المبادرة عام 2013 أكثر من 40 ألف طن من الملابس المستعملة وقالت الشركة إنها تستهدف زيادة ما تجمعه من هذه الملابس إلى 25 ألف طن سنويا.

وقالت الشركة إن الخطوة المقبلة لها هي الانتقال لمزيد من تدوير هذه الملابس. ورفضت الشركة التطرق لمزيد من التفاصيل بهذا الشأن. و وصف مارتن فاسناخت من كلية الاقتصاد الخاصة دابليو اتش يو الألمانية أن الشركات التي ستقوم بهذه المبادرات ستلجأ لتحفيز الزبائن على المشاركة فيها من خلال التأكيد على ضرورة المساهمة في حماية البيئة رغم أن الاتجاه الحالي يهدف بشكل أساسي لزيادة مبيعات الملابس الجديدة "فلقد امتلأت خزانات ملابسنا وستضطر الشركات لإيجاد دوافع لحث الزبائن على الشراء."

Ways to get customers to buy more clothes

Customers of other clothing chains such as Globetrotter clothing and outdoor equipment can also return their used clothes to the stores. Many commercial companies, such as H&M, now deal with eco, a recycling company. H&M said in a statement that since its launch in 2013, the company has collected more than

40,000 tons of used clothing and said it aims to increase its collection of these clothing to 25,000 tons per year..

The company said its next step is to move on to further recycle these clothes. The company declined to elaborate. Martin Fasnacht of the German Private School of Economics described that the companies that will undertake these initiatives will resort to motivating customers to participate in them by emphasizing the need to contribute to environmental protection, although the current trend is mainly aimed at increasing sales of new clothing"

نظام الإنتاج الأخلاقي والمسؤولية الاجتماعية

ان التطور الحاصل في البيئة العالمية على المستوى الاقتصادي والثقافي رافقة أيضًا العديد من الإشكالات على المستوى الأخلاقي والاجتماعي. لقد أظهرت العديد من الشركات الصناعية على سبيل المثال، وود خروقات في سلوكها الأخلاقي تجسد في عمليات عدم الوفاء بالالتزامات تجاه المستهلكين وكذلك تجاه البيئة الطبيعية، فهناك استنزاف للموارد وتلوث كبير في المياه والتربة والهواء نتيجة الاستهلاك الكثيف للموار الطبيعية والوقود المستخدم في تشغيل الكثير من وسائل الحياة الحديثة.

Ethical production system and social responsibility

The development of the global environment at the economic and cultural level has also been accompanied by many ethical and social problems .Many industrial companies ,for example , have shown breaches in their ethical behaviour reflected in the failure to meet obligations to consumers as well as to the natural environment ,as there is a depletion of resources and significant pollution in water soil nd air as a result of the heavy consumption of natural resources and fuel used to operate many modern means of life.

إن جوانب السلوك الأخلاقي وضرورة تحمل مسئولية اجتماعية من قبل منظمات الأعمال لا ترتبط بمجتمعات محددة بل إنها أصبحت موضوعًا حيويا مهما تواجهه منظمات الأعمال في الدول المتقدمة والنامية. وإذا تجسد السلوك غير الأخلاقي من قبل منظمات أعمال كبيرة في العالم مثل شركة Enron فإن هذا لا يعني أنه غير موجود في أماكن أخرى ومنظمات أعمال في مختلف أنحاء العالم، لذلك ارتأينا استعراض فقرات أساسية توضح هذا الموضوع ويفترض أن يطلع عليها العاملون والإدارة وجميع شرائح المجتمع.

Aspects of ethical behavior and the need to assume social responsibility by business organizations are not linked to specific communities but have become a vital and important topic for business organizations in developed and developing countries. If unethical behavior is embodied by large business organizations around the world such as Enron, this does not mean that it does not exist elsewhere and business organizations around the world, so we have decided to review key paragraphs explaining this subject and it is supposed to be shared by staff, management and all segments of society.

أولًا: أخلاقيات الأعمال

*مفهوم أخلاقيات الإدارة والأعمال

يقصد بمصطلح الأخلاق Ethics مجموعة المبادئ والمعايير والقيم التي تحكم سلوك الفرد أو المجموعة في ما يخص الصواب أو الخطأ وكذلك الجيد أو السيئ في المواقف المختلفة. والأخلاقيات تعزز المبادئ التي توجه سلوك الفرد في خياراته المختلفة. وفي الحياة العملية يمثل السلوك الأخلاقي Ethical Dilemmaعندما تكون تصرفات الأفراد أو المنظمة مضرة أو نافعة للآخرين.

First: Business ethics

* The concept

of management **and business ethics** means the term ethics set of principles, standards and values that govern the conduct of the individual or group in relation to right or wrong as well as good or bad in different situations.

أما الأخلاقيات الإدارية Managerial Ethics فإنها تشير إلى معايير السلوك التي تقود المدراء وتوجههم في عملهم. وهكذا فالأخلاقيات تؤثر على عمل المدراء بطرق مختلفة يمكن أن نشير إلى ثلاث مجالات أساسية منها وكالآتي:

أ- كيف تعامل المنظمة العاملين فيها في ما يتعلق بالتعاقد معهم أو تسريحهم من العمل وكذلك الرواتب والأجور وظروف العمل واحترام خصوصية العاملين :
ويمكن أن نجد في الواقع العملي أن بعض المدراء يميزون بين العاملين بسبب انتمائهم العرقي أو الديني أو بسبب الجنس أو المعتقد السياسي وهذا يمثل سلوكا لا أخلاقيا وغير قانوني في نفس الوقت.

ب- كيف يعامل العاملون أو الموظفون المنظمة: حيث تبرز هنا الكثير من الإشكالات المتعلقة بما يعرف صراع المصالح (أو تضارب المصالح) وكذلك النزاهة والثقة وحماية أسرار العمل. فمثلًا يمكن أن يوجد موقف فيه صراع أو تضارب مصالح بين الفرد العامل والمنظمة عندما يتم قبول هدية من مجهز المواد الأولية للمنظمة من قبل الشخص المسئول عن استلام هذه المواد. كذلك فإن إفشاء أسرار المنظمة والعمل أو استخدام موجوداتها بشكل يخدم المصالح الشخصية يعتبر عملًا لا أخلاقيا وغير نزيه.

ج- كيف تتعامل المنظمة والعاملين فيها مع الأطراف الأخرى: هنا يتجسد السلوك الأخلاقي بالتعامل مع أطراف كثيرة يأتي في مقدمتهم المستهلكون والمنافسون والمجهزون والوسطاء والنقابات العمالية وغيرها. إن التعامل مع هذه الجهات قد يتضمن بعض الغموض الأخلاقي في إطار الإعلان والترويج والإفصاح المالي والمفاوضات والمساومات الجماعية بين المنظمة ونقابات العمال.

Managerial Ethics refers to the standards of conduct that lead managers and guide them in their work.

(a) How the organization treats its employees with regard to hiring or laying off work as well as salaries, wages, working conditions and respect for the privacy of employees:

in practice, we may find that some managers distinguish between workers

because of their ethnicity, religion, gender or political belief, which represents both moral and illegal behavior.

(b) How workers or staff treat the organization: many problems relating to what is known as conflict of interest (or conflict of interest) as well as integrity, trust and protection of work secrets can arise here. For example, there can be a situation in which there is a conflict or conflict of interest between the working individual and the organization when a gift from the organization's raw material processor is accepted by the person responsible for receiving these materials.

C- How the organization and its employees deal with other parties: here is the moral conduct embodied in dealing with many parties, first and foremost consumers, competitors, processors, intermediaries, trade unions, etc.

*** الأخلاق Ethics**

مجموعة المبادئ والقيم التي تحكم سلوك الفرد في ما يتعلق بما هو صواب أو خطأ.

*** السلوك الأخلاقي Ethical Behaviour**

هو السلوك الصائب والخيار السليم الملتزم بالمبادئ الأخلاقية وهو عكس السلوك اللا أخلاقي Unethical Behaviour الذي لا يخضع للمبادئ الأخلاقية الصحيحة.

*** المشكلة الأخلاقية Ethical Dilemma**

هو الموقف الذي يرتبط بخيارات سلوكية ينجم عنها عواقب سلبية يصعب معها التمييز بين ما هو صحيح أو خطأ.

*** الأخلاقيات الإدارية Managerial Ethics**

هي المعايير الأخلاقية التي توجه سلوك المدراء في العمل.

*** القيم Values**

هي قناعات عامة حول السلوك المناسب

.

*** Ethics ethics**

set principles and values that govern an individual's behavior in relation to what is right or wrong.

Ethical Behavioris the right behavior and the right choice committed to ethical principles is the opposite of unethical Behavior that is not subject to the right ethical principles.

Ethical Dilemmais a position that is linked to behavioral choices with negative consequences that make it difficult to distinguish between what is right or wrong.

Managerial Ethicsis the ethical standards that guide managers' conduct at work.

*** Values values**

are general convictions about appropriate behavior.

***مداخل مختلفة لتفسير الأخلاق**
يحتم المدراء إلى رؤى أخلاقية مختلفة قائمة على أساس المنظور الذي يفسرون بموجبه السلوك الأخلاقي وهذا الأمر يستند إلى وجود مداخل مختلفة طورها باحثون وعلماء وفلاسفة حاولوا تقديم تفسير للأخلاق كل حسب قناعاته. وقد شاعت هذه المداخل والتفسيرات بحيث أصبح الكثير من المدراء متأثرين بمدخل أو آخر وهذا انعكس على قراراتهم. ومن المفيد هنا استعراض هذه المداخل الرئيسية.

*** Different entries for** the interpretation of ethics require managers to have different ethical visions based on the perspective under which they interpret ethical behavior and this is based on the
existence of different entries developed by researchers, scientists and philosophers who tried to provide an explanation of the ethics each according to their convictions.

-المدخل النفعي Utilitarian Approach
بموجب وجهة النظر هذه فإن السلوك يعتبر أخلاقيا إذا تمخضت عنه أكبر فائدة أو نفع لأكبر عدد من الناس. وفي الإدارة فإن بعض المدراء ممن يؤثر هذا المدخل في قراراتهم قد يبررون مثلًا تسريح ما يعادل 30% من القوة العاملة بسبب ظروف السوق للاحتفاظ بالباقي وهو 70% من القوة العاملة. أي أن ما يراعى هو العواقب الناجمة عن القرار والتي يجب أن تقدم أقصى منفعة ممكنة لأكبر عدد ممكن من العاملين.

From this point of view, behavior is considered ethical if it results in the greatest benefit or benefit to the largest number of people. In management, some managers whose decisions are influenced by this approach may justify, for example, the dismissal of the equivalent of 30% of the workforce due to market conditions to retain the rest of the workforce, which is 70%. That is, what is taken into account is the consequences of the decision, which must provide the maximum possible benefit to as many workers as possible.

أ: مفهوم التغذية الراجعة
حين يقوم الإنسان بسلوك ما، فإنه يرغب في معرفة آراء الآخرين للحصول على وجهات نظرهم، وحين يقوم الطالب بعمل أو سلوك ما فإنه يرغب في معرفة مدى صحة ما قام به، فقد يسأل زملاؤه، أو ينظر في عيونهم ووجودهم لمعرفة أثر هذا السلوك عليهم، فالطالب يترقب ما سيقوله المعلم عن إجابته وهل هي صحيحة أم خاطئة، يترقب تصحيح المعلم للإجابة، أو تصحيح المعلم لورقة الامتحان لكي يرى مدى دقة إجابته أو صحتها.
فالتغذية الراجعة هي ما يتلقاه الطالب من تعليقات أو سلوكيات نتيجة لما قام به.
وقد تكون التغذية الراجعة جسدية أو بالغشارة الجسدية، حيث يقرأ الطالب ملامح وجه المعلم أو ابتسامته أو ملامح غضبه وانزعاجه .

A: The concept of feedback when a person behaves, he wishes to know the opinions of others to obtain their views, and when the student does something or behavior he wishes to know the validity of
what he has done, he may ask his colleagues, or look in their eyes and presence to see the impact of this behavior on them, the student waits for what the teacher will say about his answer and whether it is correct or wrong, waiting for the teacher to correct the answer, or the teacher corrects the exam paper in order to see how accurate his answer or healthism.

Feedback is the comments or behaviors the student receives as a result of what he has done.

Feedback may be physical or physical, as the student reads the features of the teacher's face, smile or features of anger and discomfort.

ولا يدخل في باب التغذية الراجعة ما يقدمه المعلم من تعليمات وإرشادات عامة مثل بدء العمل، فالتغذية الراجعة هي ما تأتي دائماً بعد قيام الطالب بالسلوك أو العمل.

ثانياً: مصادر التغذية الراجعة :

يمكن أن يتلقى الطالب التغذية الراجعة من مصادر متعددة مثل المعلم أو الزملاء الطلبة، وقد يرجع الطالب إلى معيار لفحص سلوكه مثل الرجوع إلى الكتاب أو القاموس ليقارن إجابته بما ورد في هذه المراجع.

وقد تكون التغذية الراجعة ذاتية، بمعنى أن يتأمل الطالب نشاطاته وسلوكياته ويحللها، ويتعرف إلى جوانب الضعف والقوة فيها كما يتلقى الطالب تغذية راجعة من أهله في المنزل الذي غالباً ما يقدمون له ملاحظاتهم على ما قام به من سلوك.

The general instructions and instructions provided by the teacher, such as starting work, are not included in the feedback section, as feedback is always what comes after the student has conducted or worked.

Second: Feedback sources:

The student may receive feedback from multiple sources such as the teacher or fellow students, and the student may return to a
criterion to examine his behavior such as referencing the book or dictionary to compare his answer with those contained in these references.

Feedback may be subjective, i.e. the student reflects on his activities and behaviors and analyzes them, and learns about the weaknesses and strengths in them, and the student receives feedback from his parents in the house, which they often give him observations on his behavior.

مصادر التغذية الراجعة :
* المعلم.
* الزملاء .
* الكتاب أو مرجع علمي.
*الطالب نفسه.
* .الأهل.

Feedback sources:
* Teacher.
* Colleagues.
* Book or scientific reference.
* The student himself.
*. Parents.

استراتيجيات تقديم التغذية الراجعة :
إن أسلوب تقديم التغذية الراجعة يؤثر سلباً أو إيجاباً على الطلبة، فالتغذية الراجعة غير المناسبة تولد مشاعر سلبية وحادة لدى الطلبة، ولذلك فإن المهم أن نتحدث عن الاستراتيجيات الملائمة لتقديم تغذية راجعة إيجابية .

Feedback strategies: The method of
providing feedback negatively or positively affects students, inappropriate feedback generates negative and sharp feelings among students, so it is important to talk about appropriate strategies to provide positive feedback.

-التغذية الراجعة الفورية مقابل التغذية الراجعة المؤجلة، فلا يمكن أن يبقى الطالب منتظراً فترة طويلة حتى يطلع على نتائج أداءه، ولا يجوز أصلاً أن تنتظر حتى النهاية ونقول للطالب كان أداؤه جيداً أو ضعيفاً، إن المعلمين يمارسون كثيراً التغذية الراجعة غير الفورية، وهذا يتضح في :
* الانتظار حتى نهاية العام لإصدار نتائج النجاح والرسوب.
* عدم تصحيح أوراق الامتحان فوراً، وإعادتها الطلبة بعد فترة طويلة مما يفقده تأثيرها في آراء الطالب.
*إهمال بعض السلوكيات السلبية.
* مناقشة الطالب في السلوكيات السلبية بعد مرور فترة زمنية على حدوث مثل هذه السلوكيات .

Immediate feedback against deferred feedback, the student cannot stay waiting long to see the results of his performance, and it is not permissible to wait until the end and tell the student that his performance was good or poor, that teachers practice a lot of non-immediate feedback, and this is clear in:
* Wait until the end of the year to issue the results of success and failure.
* Do not correct the exam papers immediately, and return them to the students

after a long time, which loses its influence on the student's opinions.
*Neglecting some negative behaviors.
* The student discusses negative behaviors after a period of time after such behaviors occur.

-التغذية الراجعة الوصفية مقابل التغذية الراجعة الحكمية DISCRIPTIVE NOT JUDGMEMTAL

ما يحتاج إليه الطالب هو وصف سلوك قام به أكثر مما يحتاج إليه إصدار حكم على ما قام به، ولذلك كثير من المربين وعلماء النفس أن النقد والمدح كلاهما ضار، وأن ما يحتاج إليه الطالب أن يفهم سلوكه ويوجه سلوكه نحو مبدأ أو قاعدة سليمة.

- Descriptive feedback versus descriptive not JUDGMEMTALwhat the student needs is to describe behavior he has done more than he needs to judge what he has done, so many educators and psychologists say that criticism and praise are both harmful, and that what the student needs to understand his behavior and direct his behavior towards a sound principle or rule

إذن التغذية الراجعة يجب أن تكون وصفية مثل:

-حللت واجباتك بطريقة منظمة، مما يشير إلى التزامك بما اتفقنا عليه؟
-نظفت مقعدك بسرعة مما أتاح لك فرصة أن تقدم عملاً أنيقاً.
-عملت مع المجموعة بالتزام، مما ساعد المجموعة على إنهاء عملها.
-جلوسك بهدوء، وفر لنا جميعاً فرصة إنجاح النشاط.

So feedback should be descriptive like:
- Have you analyzed your duties in an orderly manner, indicating your commitment to what we agreed?
- Cleaned your seat quickly, giving you the opportunity to do a neat job.- I worked with the group with commitment, which helped the group finish its work.- Sitting quietly, providing us all with the opportunity to make the activity asuccess.

-التغذية الراجعة المستقبلية مقابل الماضوية Futurest not past concentrated

إن التغذية الراجعة التي تقتصر على تعزيز سلوك قام به الطالب في الماضي قليلة الأثر، وغالباً ما تكون حكيمة: مدحاً أو نقداً وحق إن كانت وصفية فهي تصف سلوكاً انتهى. وليس المطلوب من الطالب أن يكرر سلوكاً منتهياً بمقدار ما يطور هذا السلوك مستقبلاً .
فالتغذية الراجعة المفيدة لا تكتفي بالتعليق على الماضي بل تمتد لتصل إلى تحسين هذا السلوك وتطويره.

Futurest not past concentrated feedback that feedback that is limited to promoting the behavior of the student in the past is
low-impact, and often wise: praise, criticism and right, if descriptive, describes ended behavior.

Useful feedback not only comments on the past but extends to improving and developing this behavior.

-التغذية الراجعة ليست تقيما أو حكماً Not – evaluative

لا تسمى التغذية تقيماً أو حكماً، فالحكم والتقويم يؤدي إلى الرفض أو إلى الدفاع والتبرير ونحن لسنا في حاجة إلى إضعاف الطالب لكي يدافع عن نفسه، ولا إزعاجه لكي يرفض ويبرر.
إن التغذية الراجعة سواء كانت من المعلم إلى الطالب، أو من أي مصدر إلى أي شخص يجب أن تسعى إلى المراجعة والتطوير ووضع خطة للتحسين، وإن أي تغذية راجعة مهددة، ناقدة لن تكون ذات نتائج إيجابية. فالمطلوب تغذية راجعة وصفية غير مهددة.
ابحث عن كلمة أكثر عدالة فالتغذية الراجعة ليست تقييماً أو حكماً، إنها تحسين تطوير دعم، مراجعة، استثمار خطط مشتركة.

Feedback is not a evaluation or judgment not -evaluative
does not call nutrition evaluation or judgment, the judgment and evaluation leads to rejection or to defense and justification and we do not need to weaken the student in order to defend himself, nor disturb him in order to reject and justify.
Feedback, whether from teacher to student, or from any source to anyone, should seek review, development and an improvement plan, and any feedback that is threatened, critical, will not have positive results.
Look for a fairer word, feedback is not an assessment or judgment, it's improving the development of support, review, investment of joint plans.

-التغذية الراجعة التي تركز على الكل لا على الخطأ Stress at all not on wrongs .

يحاول بعض المعلمين أن يركزوا على الأخطاء باعتبار السلوكيات الصحيحة هي السلوك الطبيعي، لذلك تشير الدراسات أن المعلمين يستخدمون عبارات سلبية خمسة عشر ضعف العبارات الإيجابية التي يطلقونها مما يشير أنهم يركزون على الأخطاء والعيوب.
إن هدف التغذية الراجعة زيادة الرضى وتنمية العلاقات وبناء الفريق، والبناء على النجاحات والتغلب على الصعوبات. وليس بينها أهداف ساخرة أو محبطة.
يتحدث المعلمون بعبارات سلبية: تهم، نقد، سخرية أضعاف ما يتحدثون به من عبارات دعم وتشجيع .

- Feedback that focuses on all and not on error. Stress at all not on wrongs some teachers try to focus on mistakes as the right behaviors are normal behavior, so studies indicate that teachers use negative language fifteen times the positive phrases they make, indicating that they focus on mistakes and defects.
The goal of feedback is to increase satisfaction, develop relationships, build a team, build on successes and overcome difficulties.
Teachers speak in negative terms: accusations, criticism, ridicule many times as many expressions of support and encouragement.

-لا تفقد هدفك. الهدف هو التعلم والتحسين والتطوير Learning and Improvement

إن خبرات الماضي والتعليق عليها يهدفان إلى التعلم من الماضي لتحسين المستقبل، ومن هنا فإن هدف التغذية الراجعة الذي يجب أن يكون في ذهن المعلم هو :

-تعريف الطالب بإمكاناته: الحالية والمستقبلية.

-الاستماع بعلاقات روابط تعلم إيجابية.

-التحسين والتعلم والتطوير

Don't lose your target. The goal is learning, improving and developing

Learning and Improvement.

The experiences of the past and commenting on them are aimed at learning from the past to improve the future, so the goal of feedback that must be in the mind of the teacheris: - to introduce the student to his potential: current and future.- Listening to positive learning relationships.- improvement, learning and development.

وإن تحقيق هذه الأهداف الكبيرة يتطلب ما يلي :

أ- أن تقم تغذية دقيقة واضحة ولا تبقى في العموميات .

مثال: سلوكك غير ملائم هذه تغذية هامة، لن تخدم أحداً، لاحظانا تحدثنا هنا بدقة عما قام به الطالب وعن أثر سلوك الطالب على زميله.

أهداف التغذية الراجعة :

-لا تقدم عموميات. كن دقيقاً .

-لا تضع نفس الأهداف للجميع .

-لا تعطي أهدافك الأولوية نفسها .

-لا تضغط عليهم كي يغيروا .

-لا تهتم بأهدافك فقط .

Achieving these great goals requires:

a- to provide a clear accurate nutrition and not remain in generalities.

Example: Your behavior is inappropriate, this is an important nutrition, will not serve anyone, we noticed we talked here accurately about what the student did and about the impact of the student's behavior on his colleague.

The goals of feedback: - do not offer generalities. be accurate. .. do not put the same goals for everyone do not give your goals the same priority. . - do not press them to change.. - do not care about your goals only.

ب- أن لا تضع نفس الأهداف لجميع الطلبة Appropriate for everyone وتطلب منها أن يقوموا بنفس الآراء أو نفس الأداء وبنفس الطريقة، فالتغذية الراجعة الإيجابية تتجاوب مع تمثيلات الطلبة وخياراتهم المفضلة، فالطالب الذي يرشك جيداً قد لا يستطيع أن يجاري زميله في التغير الحركي ومن هنا لا نقارن بين طالب وآخر.

B- Do not set the same goals for all students Appropriate for everyone and ask them to do the same opinions or the same performance in the same way, positive feedback responds to student representations and their preferred choices, the

student who bribes you well may not be able to match his colleague in the motor change and hence we do not compare a student

ج- لا تعطي جميع أهدافك نفس الأولوية Rand your objective in order or importance إن المعلمين يمتلكون مستويات من الأهداف، فهناك أهداف يجب أن تنجز. ولذلك تركز التغذية الراجعة على تحقيق الأهداف الواجبة الضرورية .

C- Don't give all your goals the same priority rand your objective in order or importance that teachers have levels of goals, there are goals to be accomplished.

هـ- فكر كيف تساعدهم. لا تضغط عليهم Don't press Think How you can help .
التغذية الراجعة ليست سلاحاً بيد المعلم يستخدمها كما يريد ووقت يشاء، إن تقديم التغذية الإيجابية بهدف التغيير يتطلب أن يكون المعلم واثقاً صبوراً متسامحاً يعطي وقتاً كافياً دون إلحاح يقدم الإرشاد والمساعدة والتدريب، يقدم النموذج السلوكي المطلوب.
إحداث التغيير لا يتم بالضبط أو النقد أو السخرية.
يحتاج الطالب إلى وقت كاف وكذلك التغيير لا يتم فجأة.

-التغذية الراجعة تقدم للجميع ولا مركز على أحد بعينه Offer Feedback to everyone not to someone

-لا تقيم الأداء فقط. قيم ظروف الأداء Look at the factors, not performance only

-لا تقدم التغذية الراجعة بأسلوب الفراشة بل بأسلوب النحلة Be bee butterfly not

-قدم التغذية بأسلوب المحاور لا أسلوب المطرب أو العزف المنفرد Dialogue not Monologue.

المراجع

- amboo Fiber Sustainable? Musings on the great bamboo debate. Planet Green. 22 Apr 2008.

- Shades of Green: Decoding Eco Fashion's Claims. The Wall Street Journal. 24 May 2008

- *"Copenhagen Fashion Summit" ،Copenhagen Fashion Summit 03 ، مايو 2012،.*

- Binkley, Christina. "Which Outfit Is Greenest? A New Rating Tool", *وول ستريت جورنال*, 25 July 2012. Retrieved on 20 December 2012. 24 مايو 2013 على موقع واي باك مشين.

-Clark, Evan. "Sustainability Index Unveiled", *Women's Wear Daily*, 25 July 2012. Retrieved on 20 December 2012. نسخة محفوظة 29 مايو 2016 على موقع واي باك مشين.

-"AAFA, SAC Sign MoU", *Textile World Magazine*, November/December 2012. Retrieved on 20 December 2012*، مايو 2020* .

- Gunther, Marc. "Behind the Scenes at the Sustainable Apparel Coalition", *GreenBiz*, 26 July 2012. Retrieved on 20 December 2012.

- "Current Members", Sustainable Apparel Coalition. Retrieved on 20 December 2012. نسخة محفوظة 21 مارس 2015 على موقع واي باك مشين.